El baúl de colores 2

El baúl de colores 2
–Serie Santillana Comprender–
es una obra colectiva, creada, diseñada y realizada
en el Departamento Editorial de Ediciones Santillana.

Dirección editorial:
Herminia Mérega.

Subdirección editorial:
Lidia Mazzalomo

Coordinadora editorial:
Mónica Pavicich

Editora sénior:
Griselda Gandolfi

Editoras:
Silvia de Rojas
Carolina Tosi
Sandra Waldman

Santillana Comprender

La realización artística y gráfica de este libro ha sido efectuada por el equipo de EDICIONES SANTILLANA S.A., integrado por:

Coordinación de arte:	Mariana Valladares.
Tapa:	Mariana Valladares.
Diagramación:	bonacorsi diseño.
Textos de Ciencias sociales y Calendario escolar:	Leda S. Maidana.
Textos de Ciencias naturales:	Claudia A. David.
Ilustración:	Constanza Basaluzzo, Susana Guerra, Lancman Ink, Juan Noailles, O'kif, Mariana Ruíz Johnson y Douglas Wright.
Documentación fotográfica:	Laura Peña, Macarena Ayestarán, Patricio Calvo, Ariadna Demattei y María Angélica Lamborghini.
Fotografía:	Ricardo Cenzano Brandon, Corel, Daniel Jurjo y Archivo Santillana.
Corrección:	Andrea Gutiérrez.
Preimpresión:	Miriam Barrios, Marcelo Fernández, Maximiliano Rodríguez, Gustavo Ramírez, Omar Tavalla y Nicolás Verdura.
Subgerencia de producción industrial:	Gregorio Branca.

ISBN: 10: 950-46-1715-8
ISBN: 13: 978-950-46-1715-0
Queda hecho el depósito que dispone la Ley 11.723.
Impreso en Argentina. *Printed in Argentina.*
Primera edición: enero de 2007

El baúl de colores 2 - 1ª ed. - Buenos Aires : Santillana, 2007.
224 p. ; 28 x 22 cm.

ISBN 950-46-1715-8

1. Libro de Texto-EGB 2º Año.
CDD 372.19

Fecha de catalogación: 07/09/2006

Este libro se terminó de imprimir en el mes de enero de 2007, en Quebecor World Argentina S.A., calle 8 y 3, Parque Industrial Pilar, Buenos Aires, República Argentina.

Índice

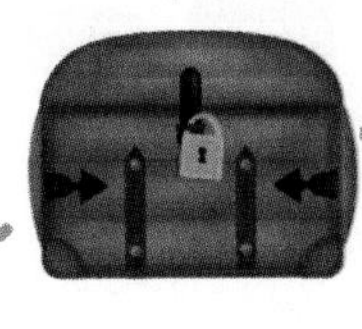

Capítulo 4

Capítulo 5

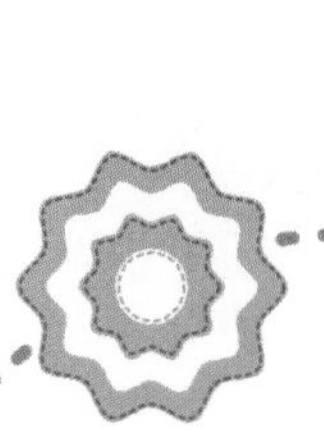

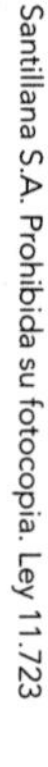

ABC

123

Capítulo 8

Capítulo 9

Nos presentamos

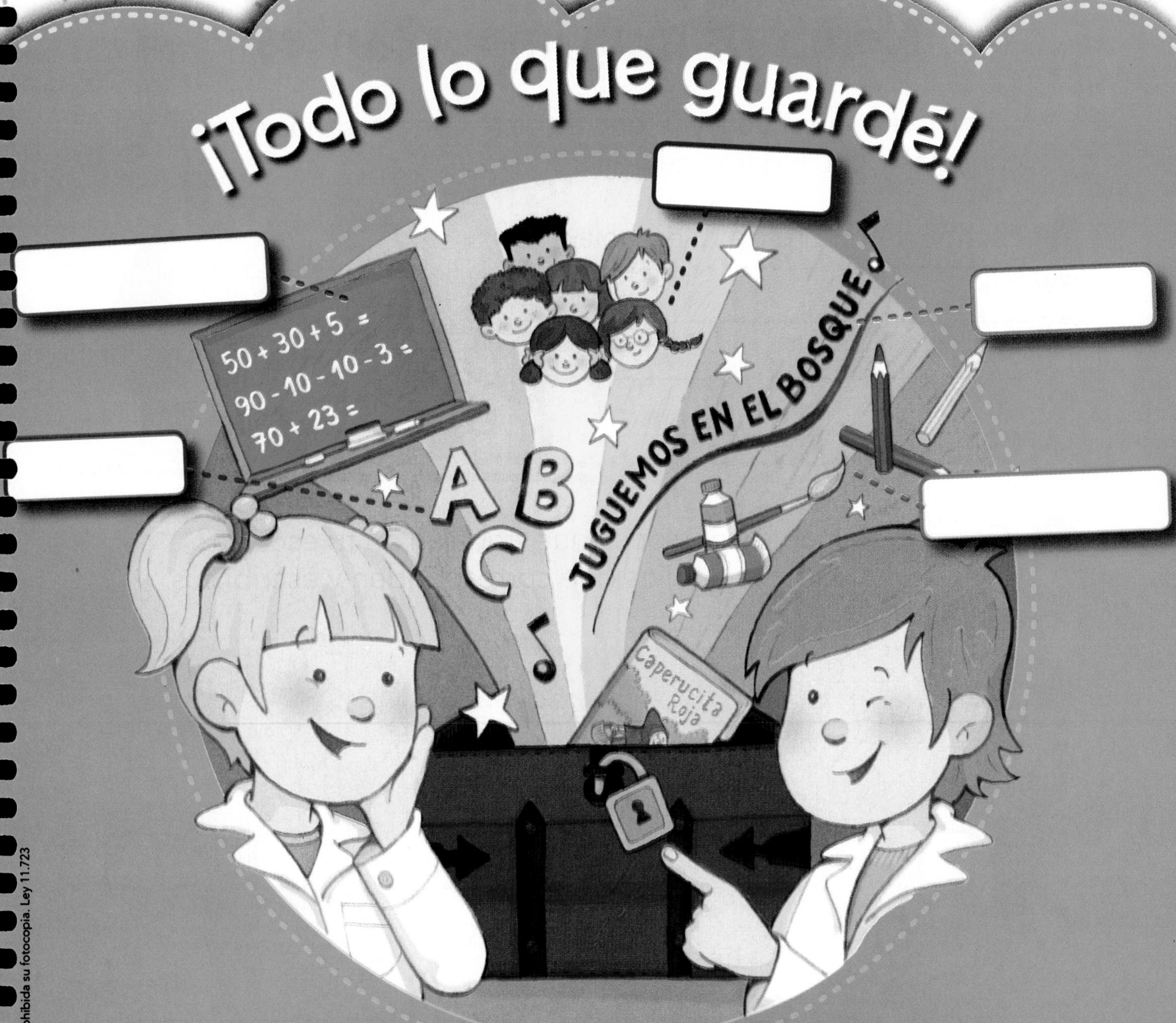

¡Todo lo que guardé!

50 + 30 + 5 =
90 - 10 - 10 - 3 =
70 + 23 =

JUGUEMOS EN EL BOSQUE

Caperucita Roja

- ¿Qué recuerdos tenés de primer grado?
- ¿Te encontraste con todos tus amigos este año? ¿Tenés nuevos amigos?
- Completá los carteles con los nombres de las cosas que aparecen dibujadas.

Nombres muy importantes

Volviste a la escuela y te encontraste con personas que ya conocías y con lugares que disfrutaste.

Escribí el nombre de tu escuela.

¿Cómo se llaman las personas que trabajan en tu escuela? Marcá con una **X** los dibujos que corresponden y escribí sus nombres.

Se llama ____________

Se llama ____________

Se llama ____________

¿Qué es lo que más te gusta hacer en la escuela? ¿Y lo que menos te gusta hacer?

¡Cuánto cambié!

De un año a otro todo puede cambiar. Algunas veces los cambios se ven muy bien, como cuando te cortás el pelo o se te caen los dientes. Otras veces, están un poco escondidos, como cuando decidís que vas a ser muy responsable o que vas a hacer un gran esfuerzo para conseguir lo que deseás.

Dibujá cómo eras en primero y cómo sos ahora.

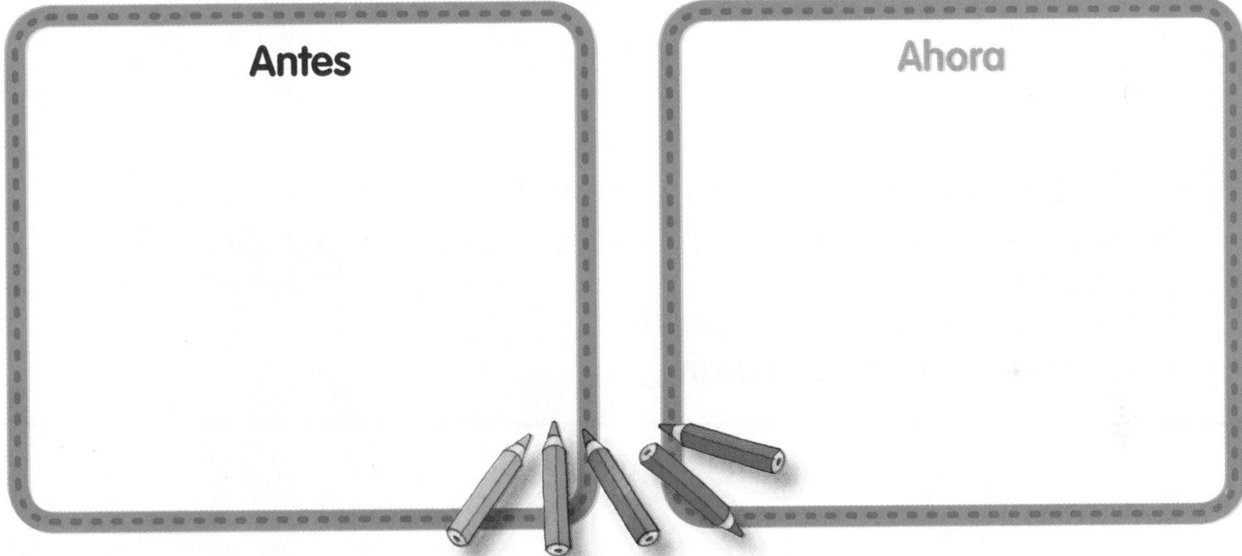

¿Qué cambios se ven en vos y cuáles están escondidos?

Los cambios que se ven son: ____________________

____

____________________.

Los cambios escondidos son: ____________________

____

____________________.

Para saber escuchar

Leé esta encuesta y marcá con una **X** las opciones con las que estás de acuerdo.

Cuando otra persona te habla la escuchás...

1. Siempre. ☐
2. A veces. ☐
3. Nunca. ☐

Cuando estás hablando, sentís que tus amigos te escuchan...

1. Siempre. ☐
2. A veces. ☐
3. Nunca. ☐

Cuando te leen un cuento...

1. Escuchás con atención. ☐
2. Escuchás sólo si te gusta. ☐
3. No prestás atención. ☐

Cuando estás conversando...

1. Aceptás las opiniones diferentes. ☐
2. Querés convencer a todos de que tenés razón. ☐
3. Te enojás y no querés escuchar a nadie más. ☐

¿Por qué te parece importante escuchar?

1. Porque aprendés de tus amigos. ☐
2. Porque podés pensar si estás de acuerdo o no y expresarlo. ☐
3. Porque así la señorita no se enoja. ☐

Contá cuántas veces elegiste las respuestas **1**, **2** o **3**, anotalo en la tabla y leé tus resultados.

Mis respuestas		
1	**2**	**3**

Resultados

Mayoría de respuestas 1: ¡Qué lindo es conversar con vos! Aprendiste la importancia de saber escuchar.

Mayoría de respuestas 2: Estás en buen camino, pero tenés que trabajar un poco más.

Mayoría de respuestas 3: ¡Luz roja! Tenés que ponerte a pensar qué podés hacer para comprender la importancia de saber escuchar.

Digan qué pueden hacer para escuchar a los otros cada día un poco más. Después, escríbanlo en el cuaderno.

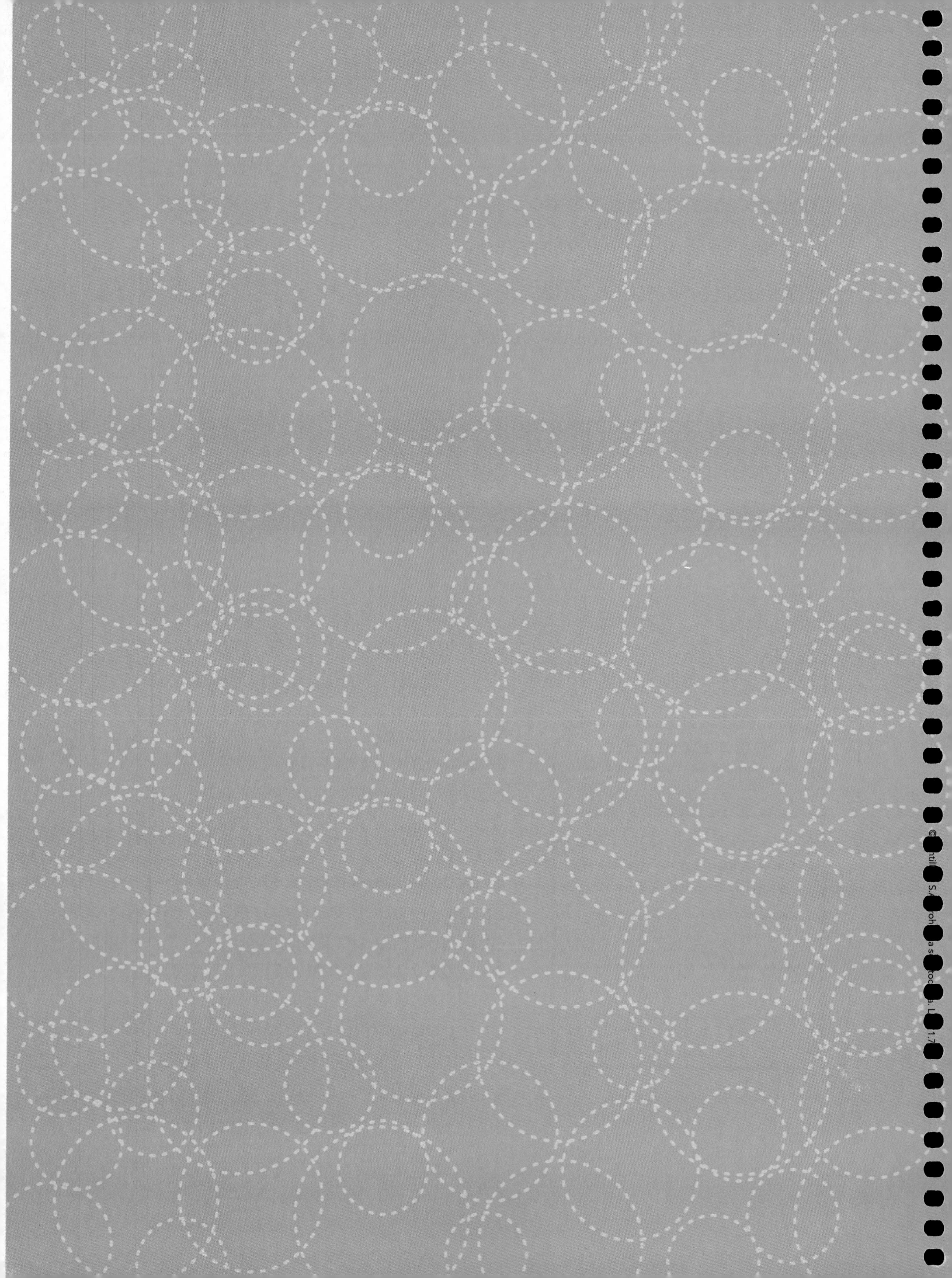

1 Libros que enseñan

- Nombrá todos los elementos que ves en la imagen.
- ¿Dónde está la nena? ¿Qué está haciendo?
- ¿Para qué pensás que está leyendo? ¿Cómo te das cuenta?
- ¿Por qué te parece que hay una computadora en ese lugar?
- ¿Conocés la biblioteca de la escuela? ¿Cuándo vas? ¿Qué hacés allí?

En la biblioteca

Marina tiene que elaborar una lista de alimentos saludables. Marcá con una **X** cuál de los textos que consultó elegirías vos.

Revista chicos de hoy

Recetas únicas
Los panchos pueden ser aún más ricos si les agregás una buena porción de papas fritas. Tenés que decirle a mamá, a papá o a la abuela que las corte bien finitas y las fría hasta que estén bien doradas.

Después, colocalas sobre las salchichas. Añadí tus condimentos preferidos y ¡a comer!

☐

Consejos médicos

Las comidas que consume un chico deben ser variadas.

No deben faltar alimentos como frutas, verduras y cereales.

☐

LAS FRUTAS EN NUESTRA DIETA DIARIA

Las frutas frescas constituyen un grupo de alimentos indispensable para nuestra salud y bienestar, especialmente por su aporte de fibras, vitaminas y minerales.

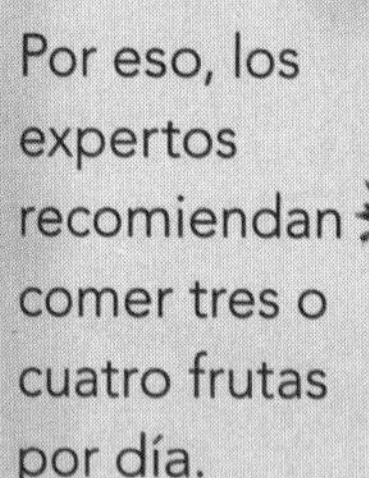

Por eso, los expertos recomiendan comer tres o cuatro frutas por día.

☐

¿Dónde buscarías información sobre ese tema?

Puedo encontrar información en ____________________

____

____.

Con distintas letras

Lucía escribió dos coplas con distintos tipos de letra. Uní con el mismo color los versos que van juntos y descubrilas.

Este niño lindo *no quiere dormir* –Andate de aquí, cargoso.

La rana le dijo al sapo: –Cargoso pero buen mozo. *la flor del jazmín.*

porque no le dan Y va el sapo y le contesta:

Volvé a leer las coplas y completá.

El sapo es ______________ *pero* ______________.

El niño no quiere ______________. *Quiere* ______________

Leé las pistas y descubrí quién es Martina Díaz.

- **Martina Pérez escribió su nombre en cursiva y Martina Díaz no.**
- **Martina López lo escribió en mayúsculas de imprenta.**

El gato Confite

Al gato Confite
le duele la muela,
y no va a la escuela.

Muy alta, muy seria,
su pena gatuna
llega hasta la luna.

La carne picada
se quedó hace rato
dormida en el plato.

Papel papelito
cuelga de un hilito
finito, finito.

La casa está quieta,
todos los ratones
en sus camisones.

Los chicos se acercan,
besan a Confite
para que no grite.

El perro dentista
le ha recetado
bombón de pescado.

No hay nada más triste,
más triste que una
tristeza gatuna,
gatuna, gatuna.

© María Elena Walsh.
En *Tutú Marambá*.
Buenos Aires, Alfaguara, 2000.

Comprendo LA LECTURA

Contestá en tu cuaderno.

- ¿Qué le pasa al gato Confite?
- ¿Por qué la poesía dice que la carne picada se quedó dormida?

Marcá con una **X** cuál de estos personajes atendió a Confite.

Completá con los personajes que corresponden.

Al ____________ le duele la muela. Los ____________ se pusieron el camisón para irse a dormir. Los ____________ le dan besitos y el ____________ le receta bombón de pescado.

Números en la cancha

En el club Juventud del Oeste se está jugando la final del torneo de básquet.

- Son las 21 : 45. Completá el reloj de la cancha.
- El equipo azul tiene 10 puntos de ventaja sobre el anaranjado. Completá su puntaje en el tablero.
- Va a salir el jugador que tiene un número con 2 cifras iguales y es mayor que 15. Rodealo.
- Indicá qué números tienen estos jugadores.

El que está encestando la pelota ⟶ ________.	El que está por entrar a la cancha ⟶ ________.

- ¿Cuánto gastás si comprás 3 panchos y 2 gaseosas? ________.

Juegos con números

Para descubrir qué desayuna Vivi, avanzá siempre de a un casillero hacia un cuadrito con un número mayor.

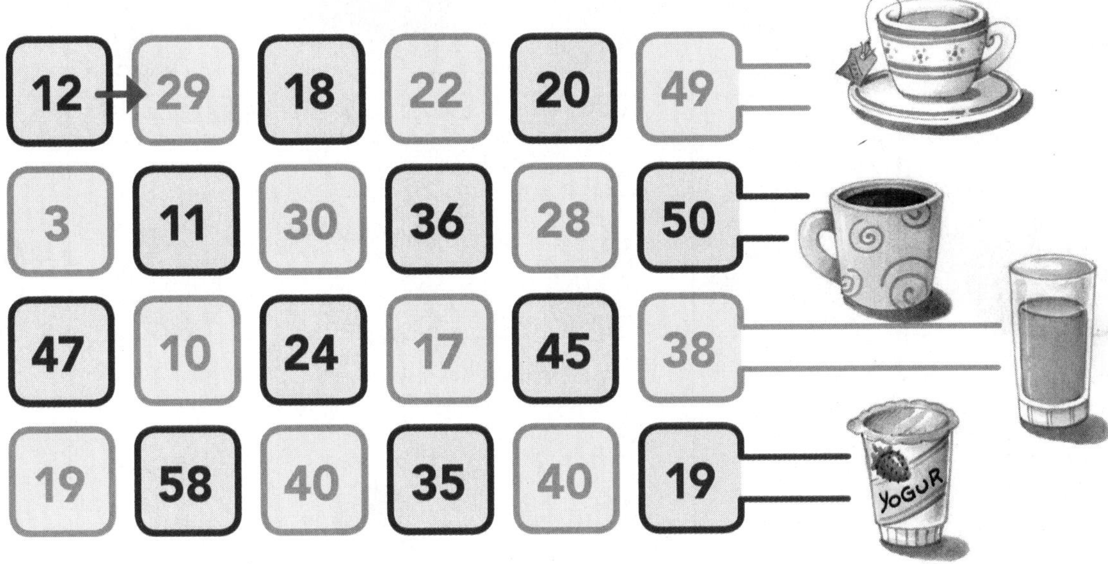

Uní los números del 0 al 50 y descubrí dónde servir una rica chocolatada.

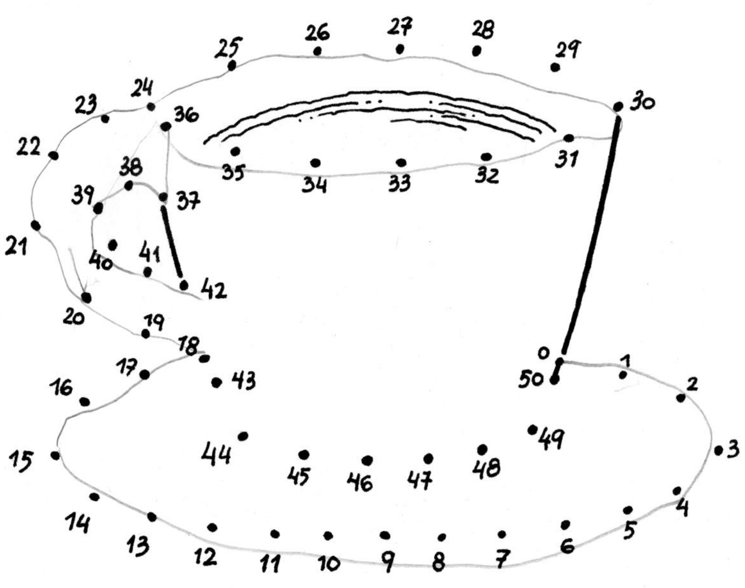

Escribí en tu cuaderno la escala ascendente, de 10 en 10, del 0 al 100.

Un sabroso abecedario...

Ananá	Banana	Carne	Chocolate	Durazno	Empanadas
A a *A a*	B b *B b*	C c *C c*	Ch ch *Ch ch*	D d *D d*	E e *E e*
Frutilla	Gelatina	Huevo	Azúcar impalpable	Jamón	Kiwi
F f *F f*	G g *G g*	H h *H h*	I i *I i*	J j *J j*	K k *K k*
Leche	Paella	Manteca	Nueces	Ñoquis	Obleas
L l *L l*	Ll ll *Ll ll*	M m *M m*	N n *N n*	Ñ ñ *Ñ ñ*	O o *O o*
Pera	Queso	Rabanito	Sopa	Tallarines	Uvas
P p *P p*	Q q *Q q*	R r *R r*	S s *S s*	T t *T t*	U u *U u*
Vainillas	Wafles	Ensalada mixta	Yogur	Zapallo	
V v *V v*	W w *W w*	X x *X x*	Y y *Y y*	Z z *Z z*	

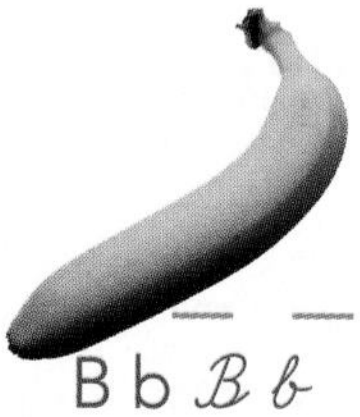

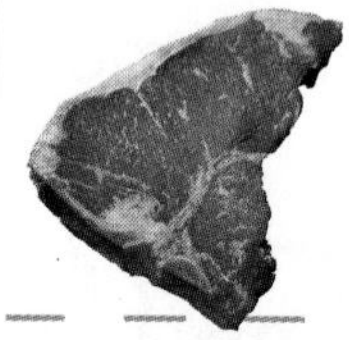

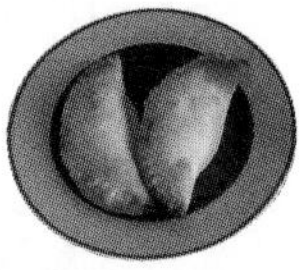

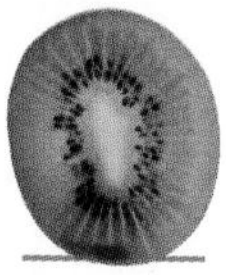

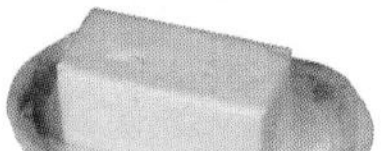

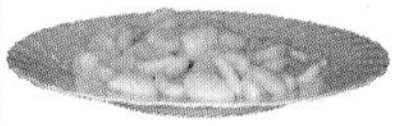

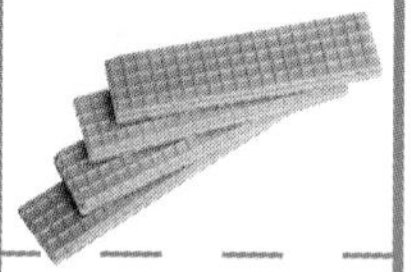

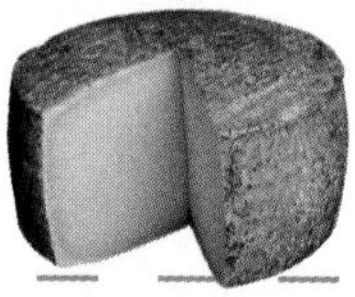

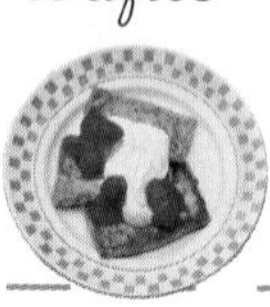

¿Cuáles de los alimentos del abecedario pondrías en una ensalada de frutas? Escribilos en tu cuaderno.

¿Qué letras se le perdieron al gusanito? Leé el cartel, descubrilas y completalas.

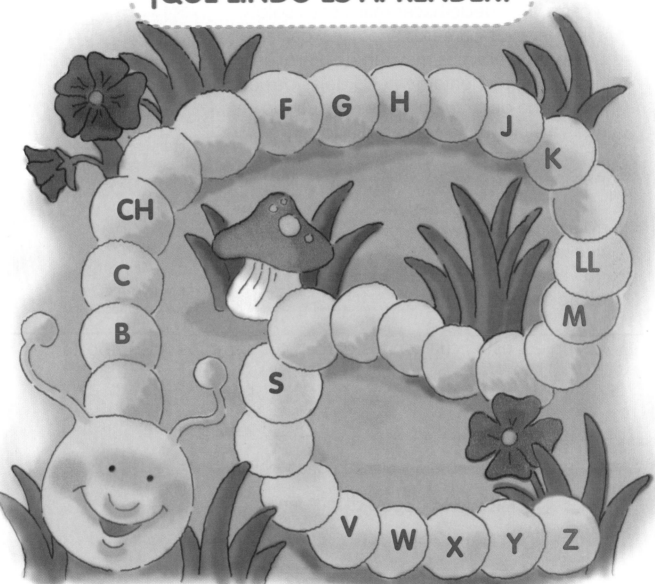

¡QUÉ LINDO ES APRENDER!

B C CH F G H J K LL M S V W X Y Z

- ¿Cuántas letras tiene el abecedario? ☐
- ¿Cuántas son consonantes? ☐

Crecemos y cambiamos

Cuando un bebé nace, depende de sus papás o de los adultos que puedan cuidarlo. A medida que va creciendo, va cambiando y cada vez puede hacer más cosas solo.

Durante los primeros años de vida, las personas crecemos muy rápido. Pero luego crecemos más lentamente. Si dejás de ver a un bebé durante unos meses, cuando vuelvas a verlo habrá cambiado mucho. En cambio, si pasan unos meses sin que veas a un adulto, cuando vuelvas a verlo casi no vas a notar los cambios.

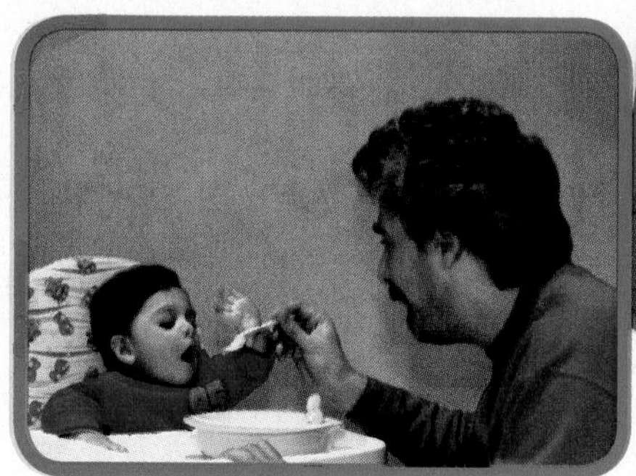

Un bebé necesita muchos cuidados.

Completá esta ficha con tus datos y tus cambios más importantes.

Nombre: ____________________ Edad: __________

Estatura: ____________________ Peso: __________

Me salió el primer diente cuando tenía __________

Di mis primeros pasos cuando tenía __________

Dejé los pañales a los __________

Se me cayó el primer diente a los __________

Total de dientes caídos __________

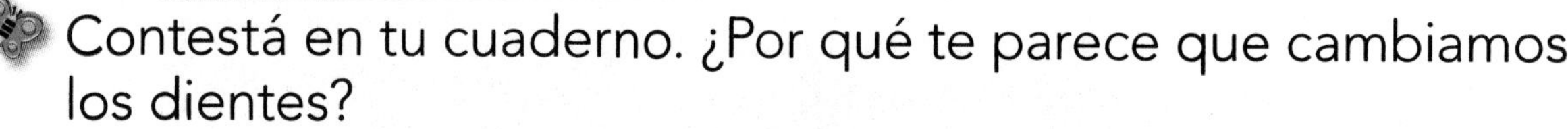

Contestá en tu cuaderno. ¿Por qué te parece que cambiamos los dientes?

Crecemos y nos cuidamos

Cuando vamos creciendo, también vamos aprendiendo a cuidarnos para estar saludables.

Elegí cuál de estas acciones no es recomendable y rodeala.

- **Bañarse todos los días.**
- **Cepillarse los dientes después de cada comida.**
- **Lavarse las manos antes de comer y después de ir al baño.**
- **Aceptar comer alimentos variados.**
- **Comer siempre los mismos alimentos.**

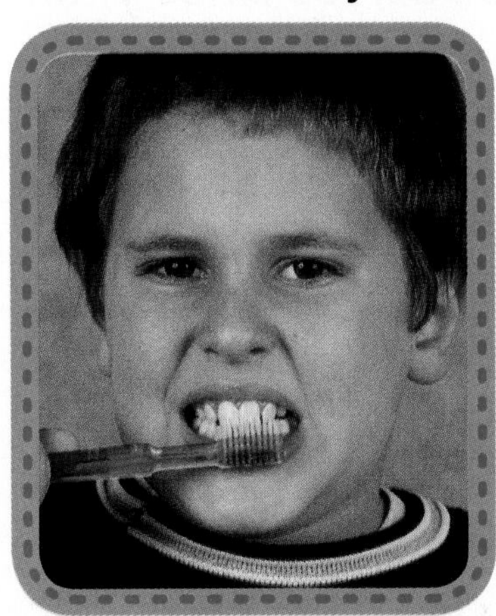

Escribí debajo de cada dibujo un consejo saludable para estos chicos.

______________________________ ______________________________

______________________________ ______________________________

______________________________ ______________________________

Un botiquín en orden... ¡alfabético!

En todos los lugares a los que concurre mucha gente debe haber un botiquín de primeros auxilios. Por ejemplo, los negocios, los clubes, los cines y también la escuela.

Este botiquín tiene elementos que no deben faltar. Completá la lista en orden alfabético.

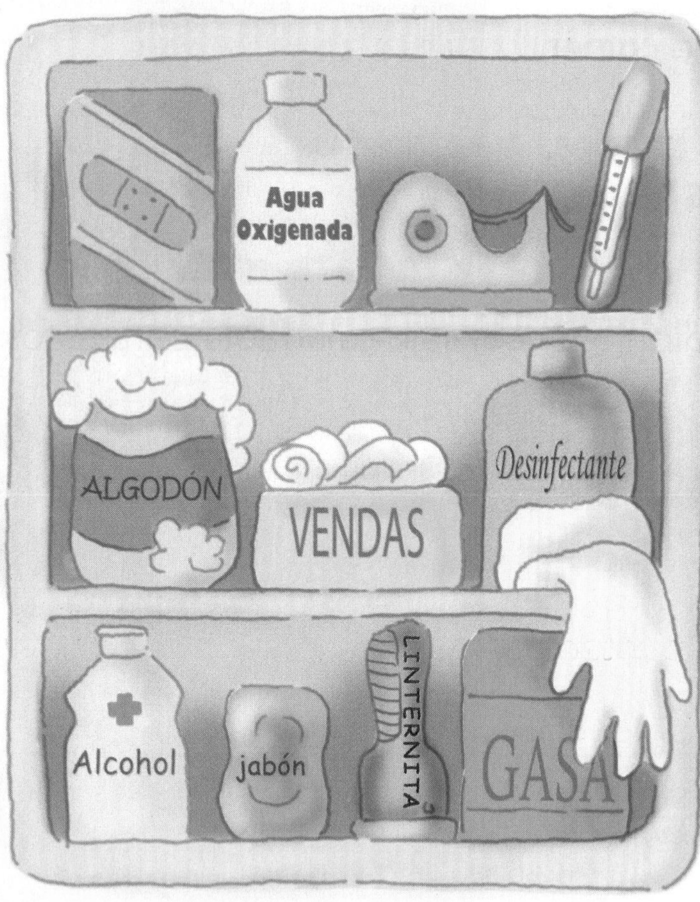

Agua oxigenada
Alcohol

Escribí en tu cuaderno estas palabras en el orden en el que se encuentran en el diccionario. Después, armá oraciones con ellas.

pelota | muñeca | bicicleta | paleta | aro

El espacio de la habitación

Lucas descansa en su habitación.

- ¿Qué hay debajo de la biblioteca? ______________________________

- ¿Qué hay delante del banco? ______________________________

- ¿Entre qué autos está el verde? ______________________________

- ¿Qué hay arriba de la mesita de luz? ______________________________

- El primer libro, el que está más cerca de la cama, es rojo. El segundo libro es azul y los demás, amarillos. Pintalos.

- Dibujá un oso arriba de la cama y un avión sobre el piso.

Una historia dibujada

Mirá las escenas y leé lo que dicen los globos.

¿Qué pasa en la historieta? Levanten la mano y coméntenlo entre todos. ¿Alguna vez les pasó algo así? ¿Qué sintieron?

Ahora, imaginá y completá el diálogo del médico con el nene.

MÉDICO: –A ver, a ver… ¿Cómo te lastimaste?

NENE: – ______________________________

___________________________________.

MÉDICO: – ____________________________.

NENE: – ______________________________

___________________________________.

Dibujá en tu cuaderno tres escenas para completar la historieta anterior. Escribí en los globos los diálogos que imaginaste.

Decenas en el quiosco

El mayorista está preparando el pedido para el quiosco.

Mirá el dibujo y contá. Ahora, completá.

Hay **una** decena de alfajores.

Hay ______ decenas de chupetines.

Hay ______ decenas de caramelos confitados.

Si se apilan los [sobres] de figuritas de a 10, ¿cuántas decenas se forman? ________ ¿Cuántas unidades sobran? ________

Dibujá en cada canasta la cantidad de caramelos que corresponde.

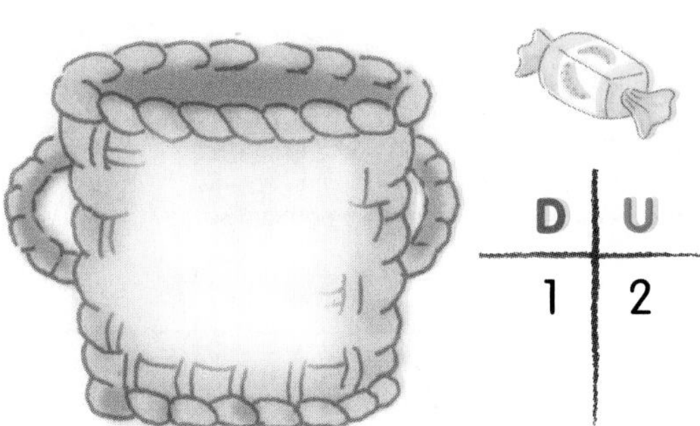

D	U
1	2

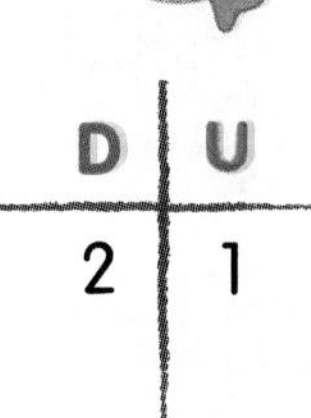

D	U
2	1

Problemas en historietas

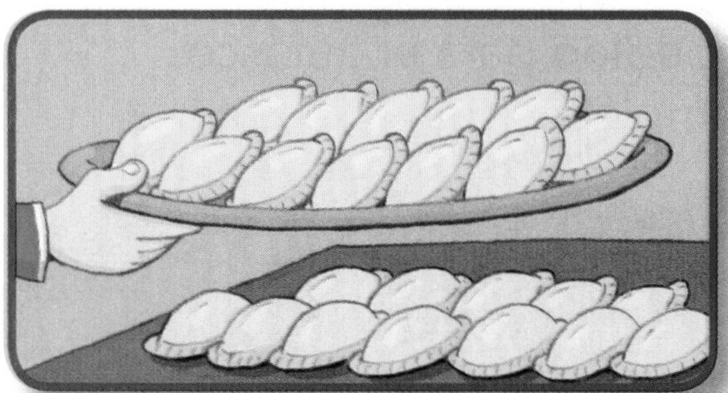

En la bandeja había ______ empanadas.

Lisa puso las ______ que había en la mesa. Ahora hay ______ empanadas en la bandeja.

Santiago usó ______ bloques para hacer dos torres.

Agustín se lleva ______ . En la alfombra quedan ______ bloques.

Receta:
2 latas de atún
1 manteca chica
6 huevos
5 cebollas
18 Tapas de empanadas

¿Qué ingredientes me faltan?

A Lucía le faltan ____

____.

Guardo en mi baúl todo lo que sé

Sé en qué libros puedo buscar información. Pintá los recuadros de los libros que consultás más a menudo para obtener información.

Enciclopedias | Cómics | Diccionarios | Cuentos

Sé reconocer el personaje de una historia. Escribí en tu cuaderno el nombre del personaje de la poesía de la página 16 y dibujalo.

Sé las letras del abecedario. Rodeá las letras del nombre de este mes.

A B C CH D E F G H I J K L Ll M

N Ñ O P Q R S T U V W X Y Z

Sé reconocer distintos tipos de letra. Escribí en cursiva el nombre de un compañero.

____

Sé ordenar palabras alfabéticamente. Numerá estas palabras para que estén en orden alfabético.

camión ☐ **milanesa** ☐ **nube** ☐ **durazno** ☐ **limón** ☐

Sé para qué puedo usar los números. Escribí tu dirección y tu número de teléfono.

Dirección: ________________________________.

Número de teléfono: ____________________________.

Sé escribir y ordenar números hasta 100. Ordená de menor a mayor.

59 90 35 46 78 69 12

Sé decir cuántas decenas y unidades hay en total. Completá.

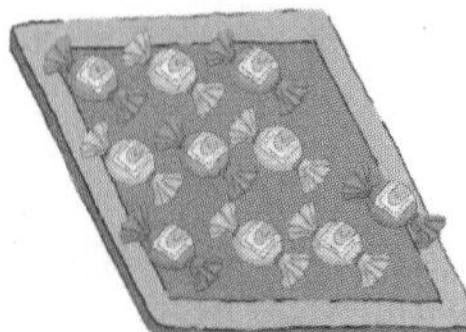
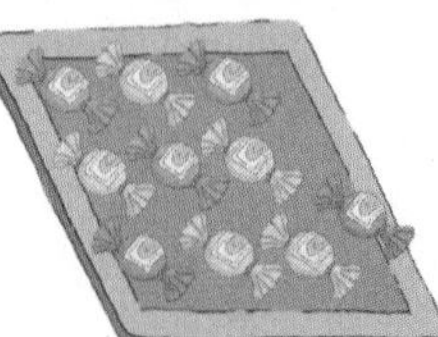

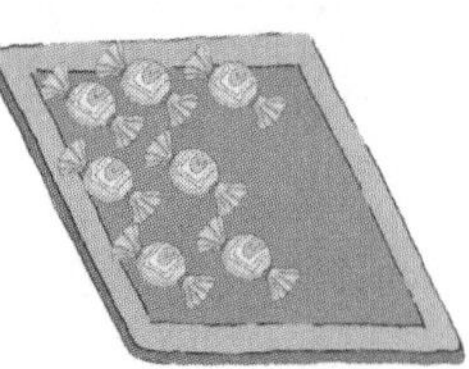
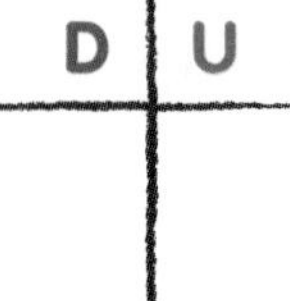

Sé ubicar estos objetos. Pintá el cartelito que corresponde.

El nene está (cerca) (lejos) del tobogán.

El camión está (arriba) (debajo) del tobogán.

Sé resolver problemas con sumas y restas. Respondé.

¿Cuántas latas sacaron de la caja? ________________.

 ¡Cuánto guardé!

Lo que más sé ....

Me costó un poquito ....

Tutti frutti

Sigan estos pasos y... ¡a jugar y repasar!

a) Por turnos, pídanle al compañero de banco que diga el abecedario sin que ustedes lo escuchen.

b) Cuando ustedes le digan "BASTA", el compañero tiene que parar y decirles en qué letra lo detuvieron.

c) Busquen palabras que empiecen con esa letra y escríbanlas en la tabla.

d) Gana el que pudo encontrar más palabras y las escribió sin equivocarse. ¡A lo mejor hay empate!

LETRA	ANIMALES	ALIMENTOS	NOMBRES DE MUJERES	NOMBRES DE VARONES
N	*nutria*	*naranjas*	*Nélida*	*Norberto*

Matemática

Antes y después

Completá con el anterior y el posterior.

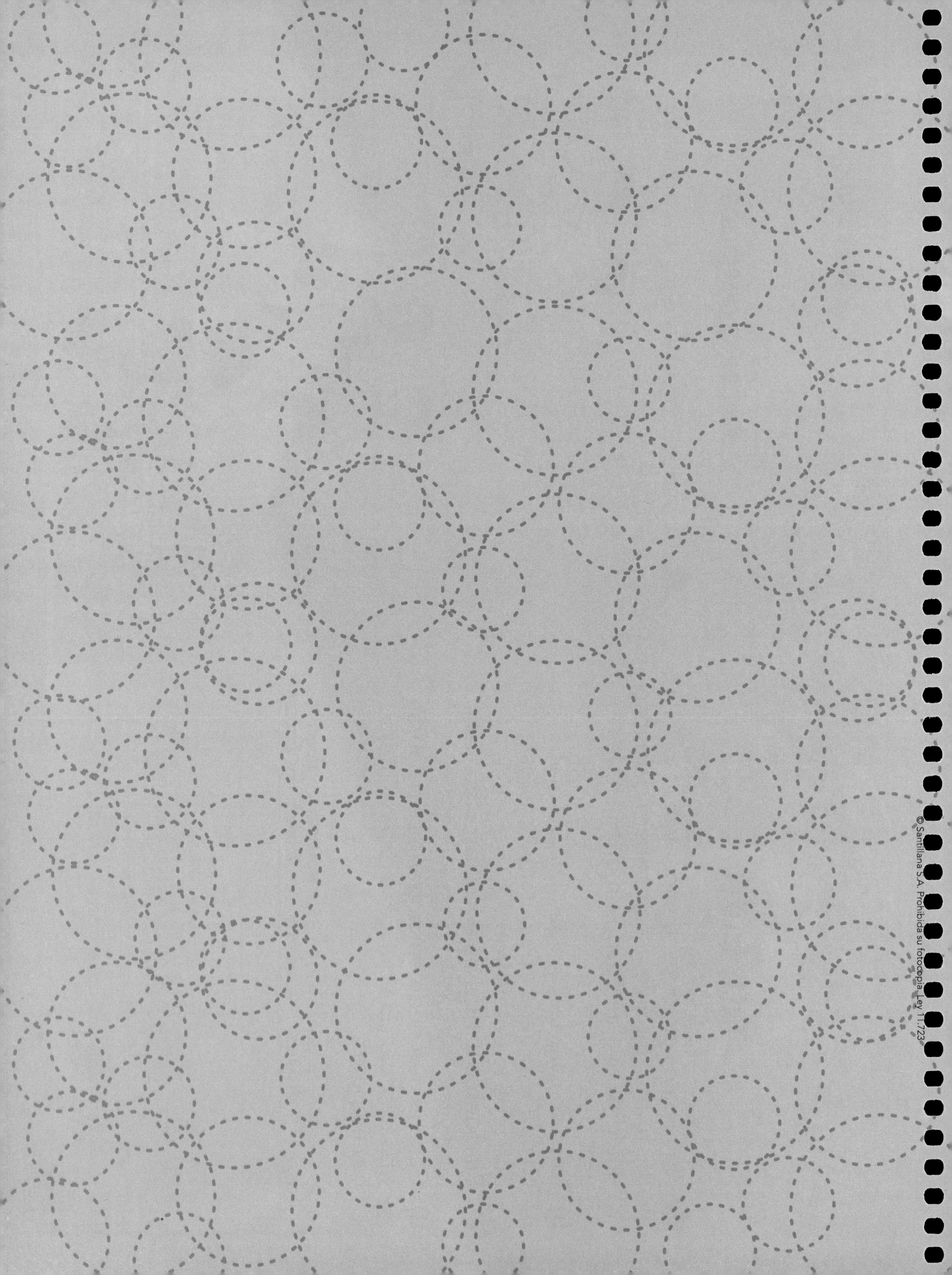

Naturales

Para cuidarnos los dientes

Escribí un consejo para explicar cada dibujo.

Valores

Todos tenemos derecho a la salud

Marcá el camino que lleva a cada uno a la campaña de vacunación que le corresponde.

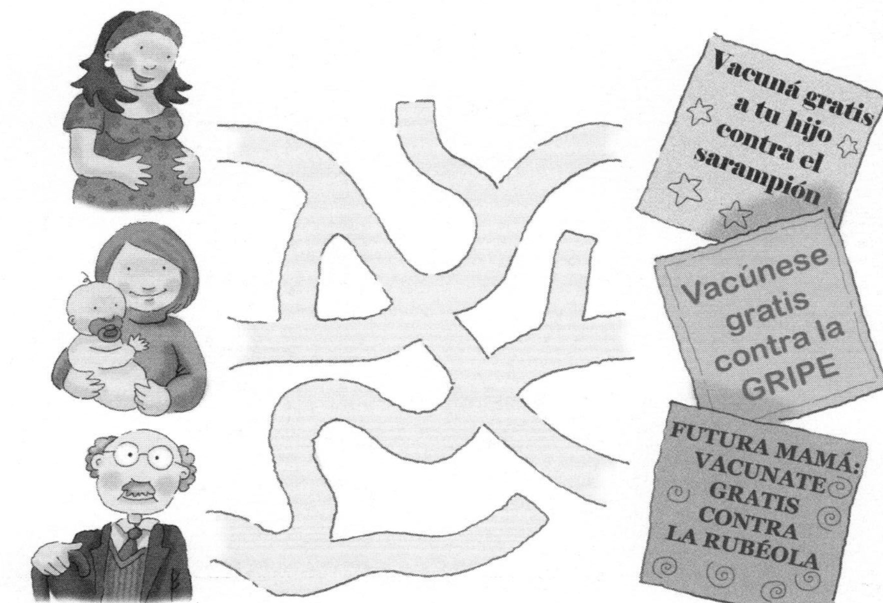

Vacuná gratis a tu hijo contra el sarampión
Vacúnese gratis contra la GRIPE
FUTURA MAMÁ: VACUNATE GRATIS CONTRA LA RUBÉOLA

¿Por qué te parece que estas vacunas se ofrecen gratis?

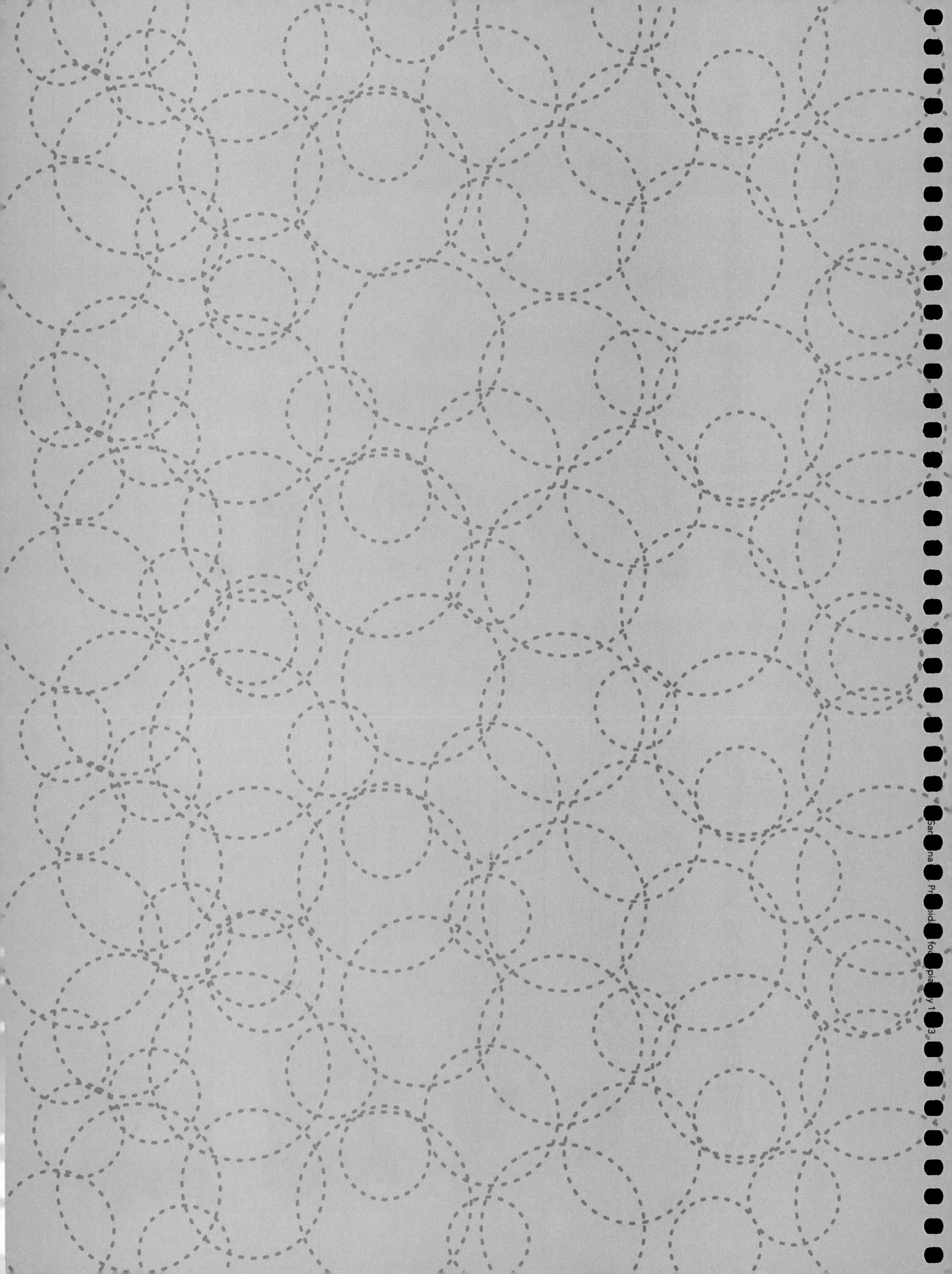

2 ¿Qué más dicen los libros?

- ¿Qué están haciendo los chicos?
- ¿De qué pensás que trata la historia?
- ¿Dónde está escrito el título?
- ¿Cómo sabe la nena de remera rayada quién escribió el cuento?
- ¿Para qué sirven los dibujos en un libro de cuentos?

El día en que se apagó el sol

Esta historia comenzó aquella mismísima mañana, cuando se apagó el sol. Había salido como siempre, asomándose despacito por el horizonte. Pero al rato nomás, su traje dorado se fue volviendo negro negro hasta que, de pronto, el sol desapareció. Y con él la luz, claro, porque todo se puso oscuro como en la más oscura de las noches.

El primero en darse cuenta fue el gallo que se levanta bien temprano para despertar a los demás. Fue él justamente el que a fuerza de "Qui-qui-ri-quí" y más "Qui-qui-ri-quí" les avisó a todos que el sol estaba apagándose. Le costó MU-CHÍ-SI-MO esfuerzo que le creyeran, porque la mayoría pensaba que el gallo se había equivocado y aún no había amanecido. Pero el gallo (con las plumas despeinadas por el apuro) insistió e insistió hasta que no quedó ni uno solo sin abrir los ojos. Por eso, alcanzaron a ver el último pedacito de sol antes de que todo se volviera negrura.

–Hay que buscar una solución –propuso la lechuza, mientras bostezaba muerta de sueño, porque ella solo duerme de día y porque, como no se veía nada, había tropezado con un sapo distraído.

Las luciérnagas ofrecieron su luz, pero era demasiado chiquita para reemplazar al sol.

También un pájaro muy amable consiguió unos fósforos, pero al encender uno se chamuscó las plumas. Y ahí estaban sin saber qué hacer, cuando en el cielo apareció un hilito de luz. Finito era. Pero empezó a crecer y a crecer hasta que se volvió gordo y redondo. Porque era nada menos que el sol que había regresado.

¿Que qué había pasado? Que la luna de puro metida pasó delante del sol y le tapó la luz. Eclipse le dicen a eso. Pero a los animales no les interesaba saber qué había pasado. Festejaron como locos que el sol se hubiera encendido de nuevo y aunque algunos querían irse a la cama, nadie pudo dormir. Porque el gallo de puro contento no dejaba de cantar.

Liliana Cinetto

Comprendo LA LECTURA

Pintá los personajes que propusieron una solución.

Escribí **V** (verdadero) o **F** (falso).

- [ ] **Las luciérnagas prestaron su luz.**
- [ ] **La luna tapó al sol.**
- [ ] **La lechuza prestó su farol.**
- [ ] **El sol se había apagado.**

¿Qué es un eclipse? Buscalo en el diccionario y comentalo con tus compañeros.

La tapa y la contratapa

Recortá la ficha de la página 53 y doblala por la mitad, siguiendo la línea de puntos. Después, dibujá la tapa para el cuento que leíste. ¡No te olvides de escribir el título y el nombre de la autora!

¿Dónde escribirías de qué trata el cuento? Marcalo con una **X**.

☐ **En la tapa.** ☐ **En el índice.** ☐ **En la contratapa.**

Ahora, en ese lugar del recortable, escribí de qué trata el cuento.

Los títulos de estos libros se mezclaron. Escribilos correctamente en cursiva, debajo de la tapa que les corresponde.

El gato durmiente

La bella roja

Inventá otro título de un "cuento mezclado", escribilo en tu cuaderno y contá de qué va a tratar.

Cientos de luces

Para una fiesta de la escuela, se iluminó el gimnasio con estas lamparitas de colores.

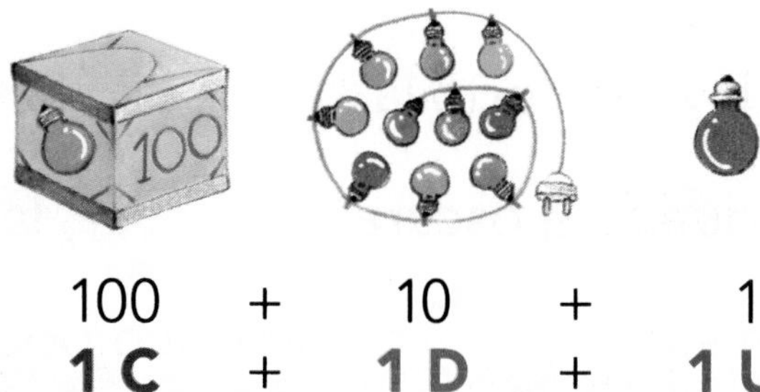

100 + 10 + 1

1 C + **1 D** + **1 U**

Contá y escribí cuántas lamparitas se colocaron en total.

____.

Los chicos del club del barrio están organizando una kermés. Mirá y escribí cuántas lamparitas van a colocar en cada lugar.

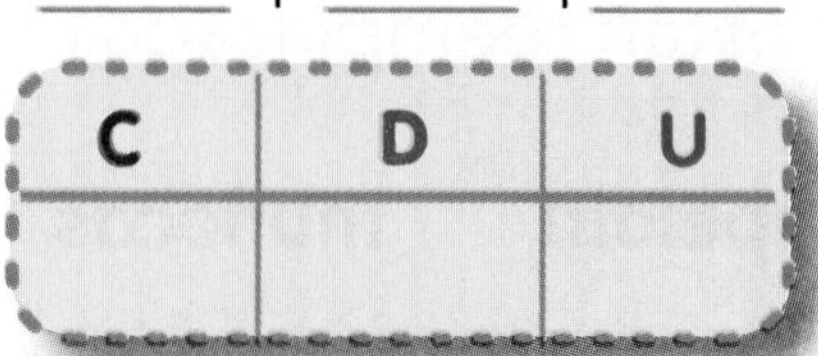

_____ + _____ + _____

C	D	U

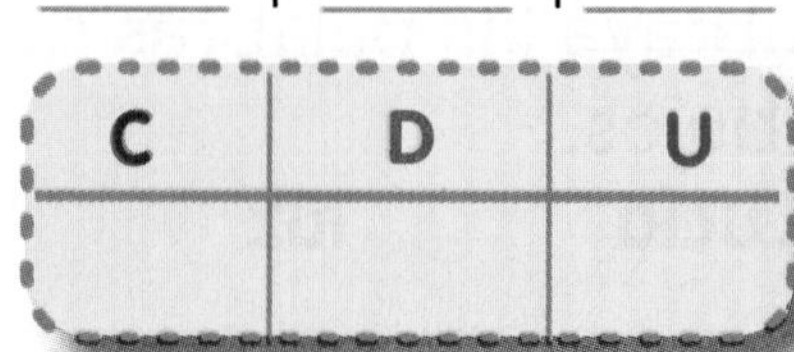

_____ + _____ + _____

C	D	U

Representá en tu cuaderno el número 143, como en la actividad anterior.

Con dibujos y palabras

Mirá y leé esta historia.

–¡Huy! Se cortó la –dijo la de Lucía–. Toda la casa se quedó a oscuras. Sin , la pobre no podía jugar con sus ni tampoco podía mirar la . Un verdadero desastre.

Mientras prendía una , la le dijo a su nieta: –¡Podemos jugar con las ! –y de pronto, en la pared, apareció la sombra de una que volaba de aquí para allá. no podía creerlo. Pero la abuela le enseñó cómo poner las enganchadas por los pulgares y, de repente, eran dos , una más grande y otra más chiquita, volando de aquí para allá. Después aparecieron , y hasta saltarines. Esa noche, no quiso que volviera la .

Subrayá las palabras que en el texto están reemplazadas por dibujos.

Lucía luz mamá pelota muñecas
televisión abuelita manos bicicleta perritos
conejos palomas cisnes vela caballo

¿Qué sonido produce o qué dice cada personaje? Escribilo.

Repasá con **rojo** el borde de los globos en los que escribiste imitaciones de sonidos. Repasalos con **verde**, si escribiste palabras.

Ordená las sílabas y escribí las palabras que nombran estos dibujos. Después, escribí oraciones en tu cuaderno.

la — fa — dor — ve — lu — na

la — rol — ciér — ve — ga

____

____

____

____

Las fuentes de luz

La luz nos hace visibles los objetos. A las cosas o lugares de donde sale la luz los llamamos **fuentes de luz**. Estas fuentes de luz pueden ser **naturales** o **artificiales**. Por ejemplo, el Sol, otras estrellas y el fuego son fuentes **naturales**. En cambio, una lámpara y una linterna son fuentes **artificiales**; es decir que fueron creadas por las personas.

Buscá las fuentes de luz y marcalas.

Completá el cuadro.

Fuentes de luz naturales	Fuentes de luz artificiales

¿Qué otras fuentes de luz conocés?

____

Sumamos y restamos

Resolvé las cuentas y unilas con el resultado que corresponde.

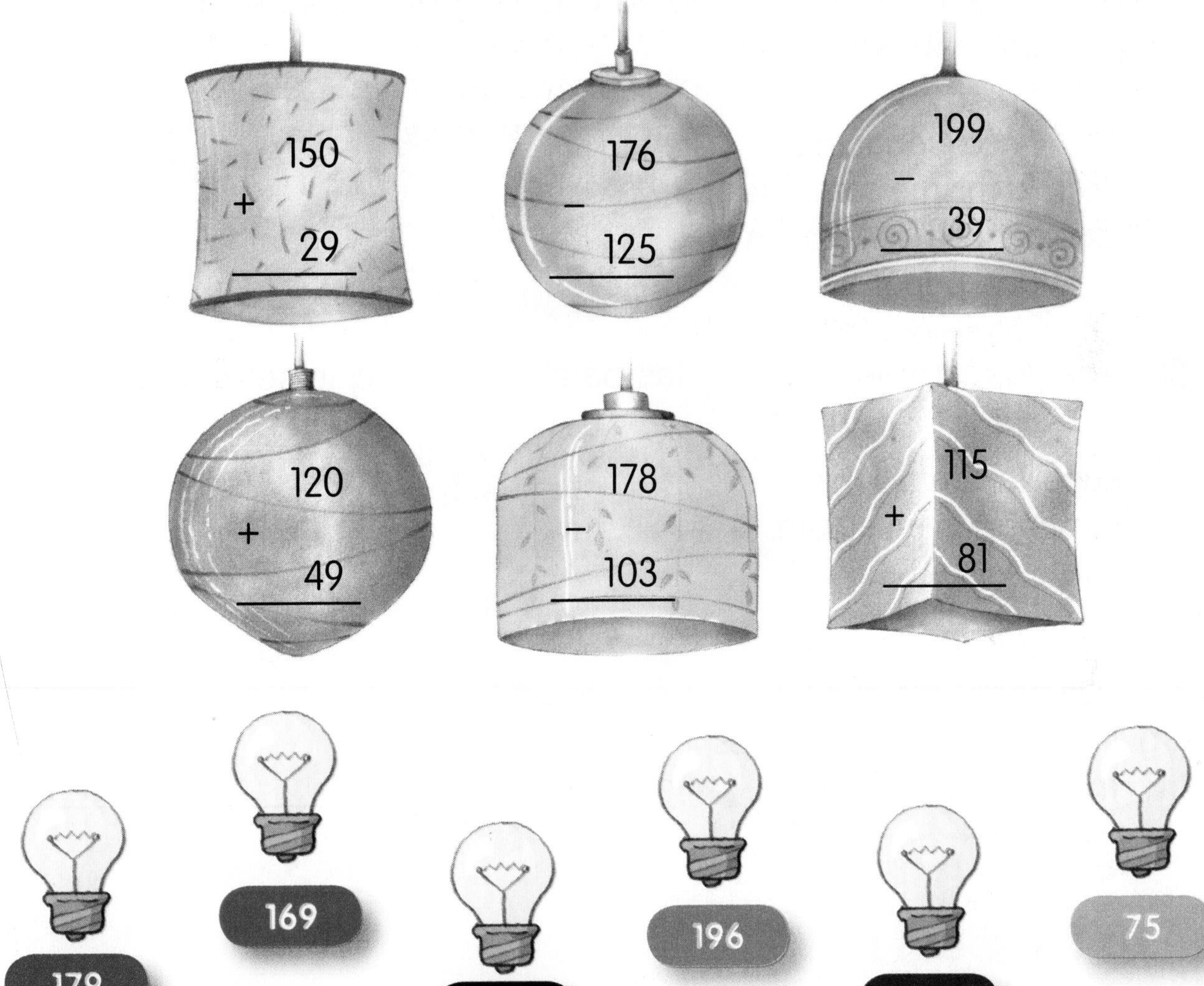

Completá cada cálculo con el número que falta.

70 + ______ = 100

60 – ______ = 30

55 + ______ = 95

85 – ______ = 70

Cuando se unen las palabras...

Hablar con Lola es súper divertido. En vez de usar una palabra, ella da las pistas para que las personas descubran de qué está hablando.

Once jugadores con la misma camiseta que ponen nervioso a mi papá.

¡Fútbol!

Jugá vos también. Escribí las palabras a las que se refiere Lola.

Papelito con dibujos para pegar en un álbum.

____

Un postre frío que les gusta a todos los chicos y es más rico en cucurucho.

____

La llave del baúl

Cuando las letras se unen, forman palabras y, cuando se unen las palabras, forman **oraciones**. Las oraciones son grupos de palabras que tienen sentido.

Marcá con una X qué grupo de palabras es una oración.

- ☐ Luna el mar sobre brilla.
- ☐ Brilla mar luna el sobre.
- ☐ La luna brilla sobre el mar.
- ☐ Sobre luna el brilla mar.

Sumas más difíciles

Leo llevó a la excursión 65 caramelos de naranja y 42 caramelos de menta para compartir. ¿Cuántos caramelos llevó?

Mirá cómo hizo Leo la cuenta que resuelve el problema y completala.

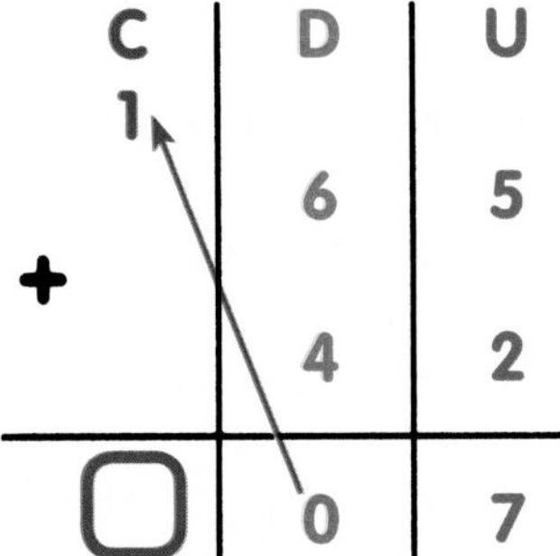

	C	D	U
	1		
		6	5
+		4	2
	☐	0	7

Primero sumo las **unidades**: **5** + **2** y escribo 7. Después sumo las **decenas**: **6** + **4** y obtengo **10 decenas**. Como **10 decenas** forman **1 centena** escribo un **0** en la columna de las **decenas** y me "llevo" **1 centena**.

Resolvé en tu cuaderno y completá.

Los chicos recorrieron 187 km. Tienen que hacer 24 km más. ¿Cuántos km recorrerán en total?

R: ______________.

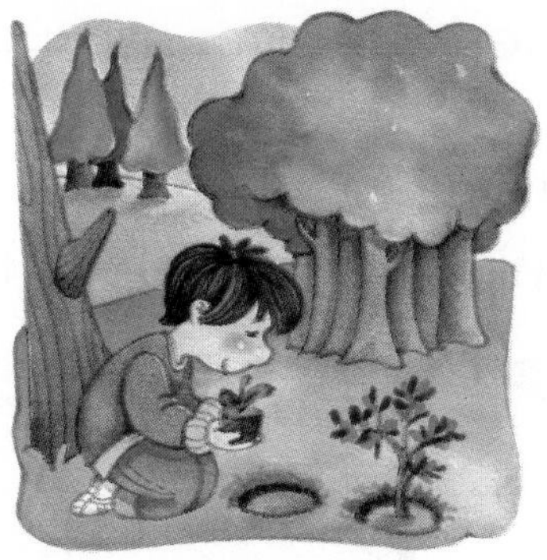

En el campo de deportes plantaron 146 pinos y 37 robles. ¿Cuántos árboles plantaron?

R: ______________.

Salieron de excursión 74 varones y 41 nenas. ¿Cuántos chicos salieron?

R: ______________.

Historias con mayúscula

Todas las familias tienen una historia. Algunas historias empiezan en el mismo lugar donde vivís; otras, en otros lugares.

Averiguá en tu familia estos datos y completá.

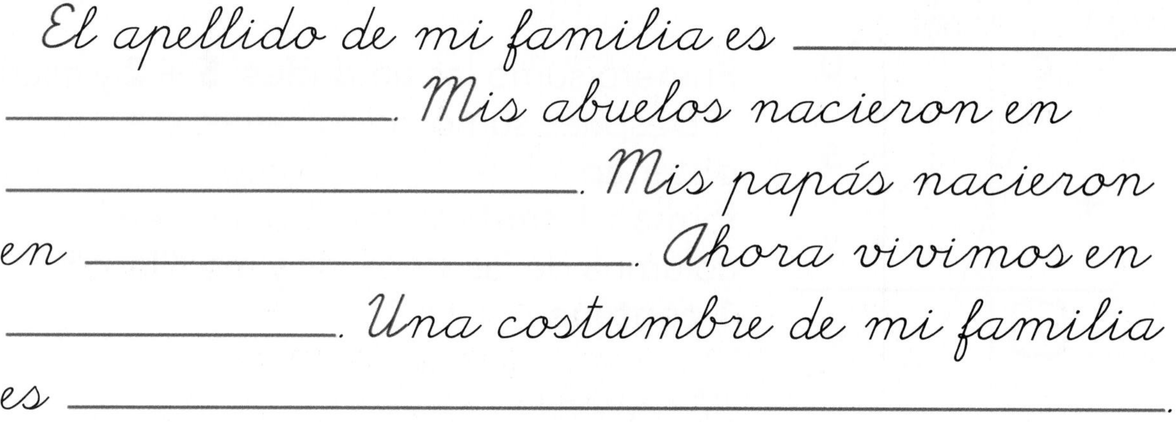
El apellido de mi familia es ________________ ________________. Mis abuelos nacieron en ________________________. Mis papás nacieron en ________________________. Ahora vivimos en ________________. Una costumbre de mi familia es ____.

Leé con atención el texto que completaste y explicá en tu cuaderno cuándo tenés que usar mayúscula.

En este distintivo familiar, Bruno dibujó cosas de su familia. ¿Te animás a dibujar un distintivo de la tuya?

Antes DE LEER

- ¿Qué preferís leer: poemas o cuentos? ¿Por qué?
- ¿Te leen poemas? ¿Quiénes?
- ¿Te gusta leer poemas en voz alta? ¿Por qué?

Poemitas con luna

Si una noche muy oscura
cielo no ves nada
no te asustes, sólo es
que la luna está enojada.

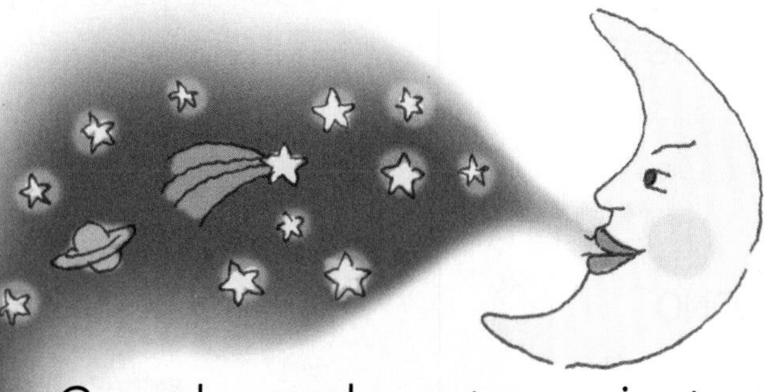

Cuando en el cuarto creciente
la media luna se ve
me dan ganas de mojarla
en la leche con café.

La luna llena parece
un alfajor de vainilla
tal vez yo pueda alcanzarla
si me paro en una silla.

¿Es la misma luna llena
que se mete en mi balcón
la que blanquea los techos
de las casas del Japón?

Julia Chaktoura

- Leé y recitá los poemitas de esta página.
- Escribí en tu cuaderno qué hace la luna y a qué se parece.
- Copiá en una hoja el poemita que más te haya gustado y empezá a armar tu propio **álbum de poesía**.

Cuerpos geométricos al sol

Los días soleados son ideales para jugar al aire libre y disfrutar el sol.

Mirá el dibujo y uní cada objeto con el cuerpo geométrico al que se parece.

- ¿Qué cuerpos tienen todas sus caras planas? ______________________

____

- ¿Cuáles tienen caras curvas? ______________________

Pedí ayuda para recortar la figura de la página 53 y armar un cuerpo geométrico. Después, completá.

El cuerpo geométrico que armé se llama ______________.

Tiene _______ caras planas, _______ vértices y _______ aristas.

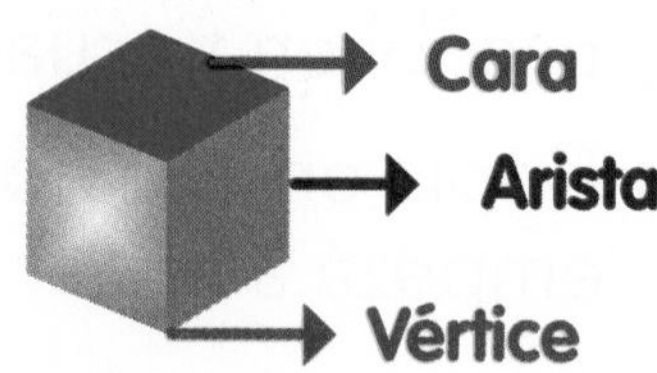

Los cuerpos y la luz

Cuando un objeto deja pasar la luz y podemos ver a través de él, decimos que ese cuerpo es **transparente**. En cambio, si la luz no puede pasar a través de un objeto, decimos que ese cuerpo es **opaco**.

Pero algunos objetos no son ni transparentes ni opacos. Son cuerpos que dejan pasar parte de la luz y solo nos permiten ver la forma de lo que hay detrás de ellos. Este tipo de cuerpo se llama **translúcido**.

Completá con: **transparente**, **opaco** o **translúcido**.

¿Por qué te parece que la mayoría de las ventanas tienen vidrios transparentes?

___

Más de un metro, menos de un metro

Joaquín medía 48 cm cuando nació. Ahora tiene 7 años y mide más de un metro.

Joaquín cuando era bebé.

Joaquín ahora.

Colocá una cruz donde corresponde.

	Joaquín cuando era bebé	Joaquín a los 7 años	El papá de Joaquín	El gato de Joaquín
Menos de un metro de altura				
Más de un metro de altura				

¿Cuánto mide la tirita amarilla?

______ cm

Si formamos una hilera con 10 tiritas como la de arriba, ¿cuánto medirá la hilera? Completá.

10 cm

Mide ______ centímetros. O ______ metro.

Guardo en mi baúl todo lo que sé

Sé reconocer algunos elementos de los libros. Completá con: tapa, contratapa, título y autor.

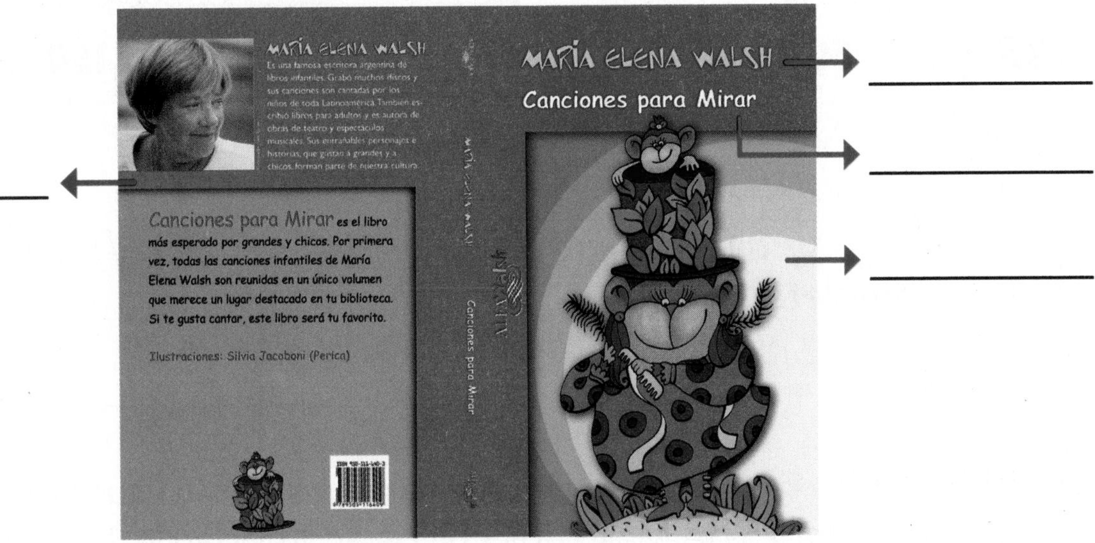

____

____

____

____

Sé escribir oraciones. Escribí una oración con estas palabras y con otras que necesites.

marioneta **muñeca** **peluche**

____

____.

Sé cuándo hay que usar la letra mayúscula. Marcá con una **X**.

Escribo con mayúscula:

- Cuando empieza la oración. 
- Cuando escribo nombres.
- Después de un punto. 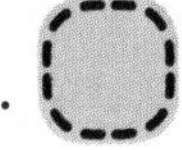
- Antes de un punto. 

Sé completar esta serie. Escribí los números que faltan.

Sé componer y descomponer números teniendo en cuenta sus cifras. Completá.

100 + 20 + 4 = ________   167 = _____ + _____ + _____

Sé resolver problemas. Resolvé y respondé en tu cuaderno.
Para el acto del 25 de Mayo, los chicos acomodaron 123 sillas y 82 banquitos. ¿Cuántas personas podrán sentarse?

Sé cuando una longitud es más o menos de un metro. Uní con flechas.

El ancho de mi cuaderno.
El largo de mi brazo.
El ancho del pizarrón.
Mi estatura.

Más de un metro.
Menos de un metro.

Sé reconocer cuerpos geométricos. Escribí el nombre de un cuerpo geométrico que no tenga todas sus caras planas. ____________.

¡Cuánto guardé!

Lo que más sé ....

Me costó un poquito ....

Recortables PARA LA PÁGINA 48.

Recortá por la línea de puntos, doblá las aletas grises y pegalas.

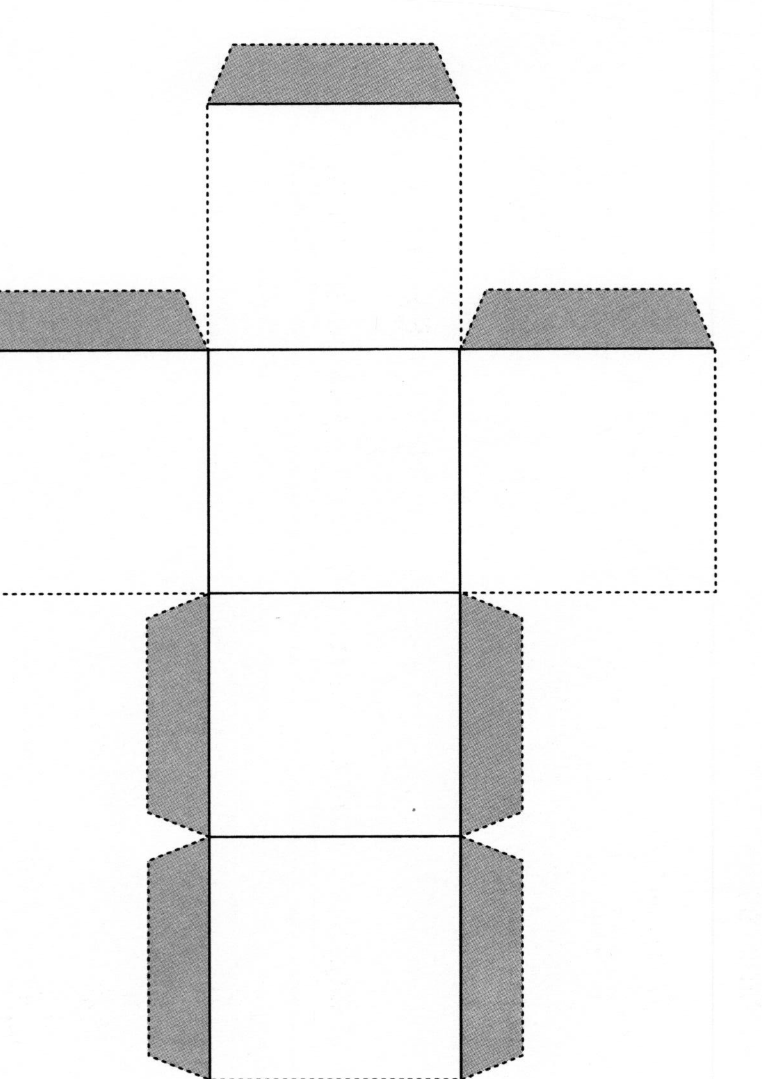

Recortables PARA LA PÁGINA 38.

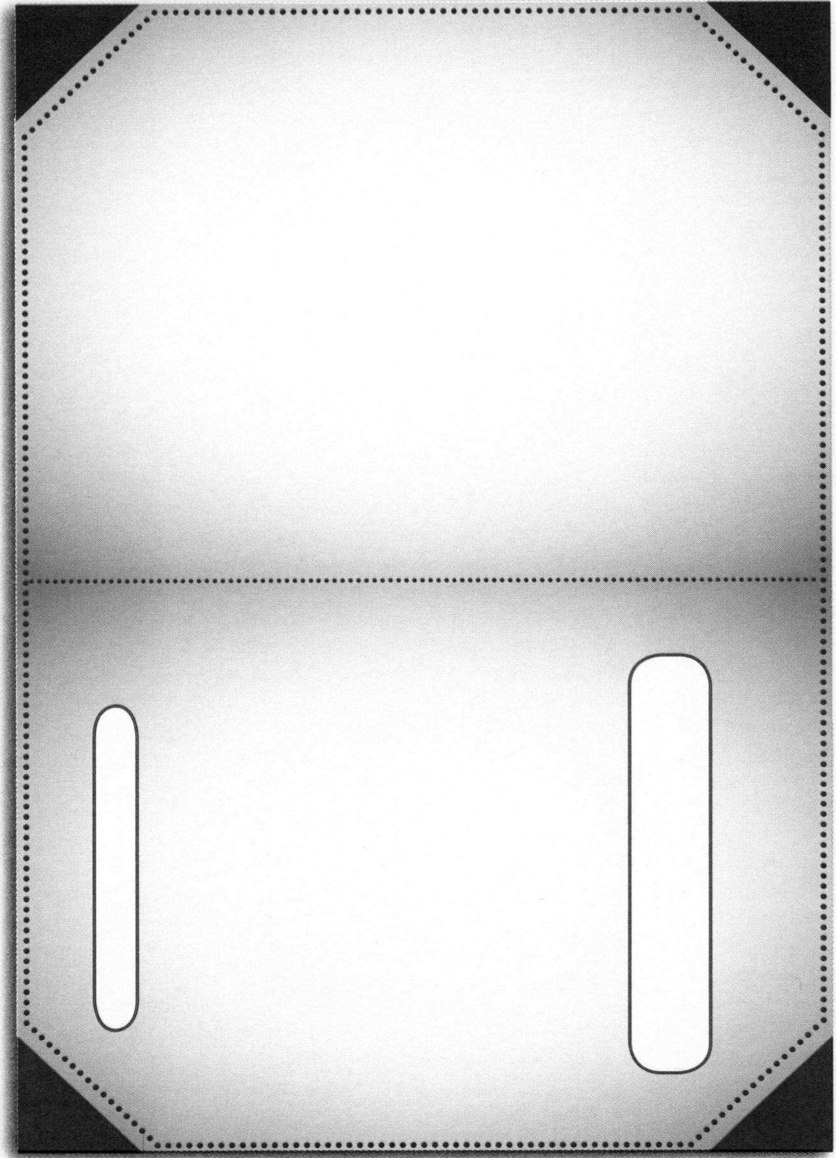

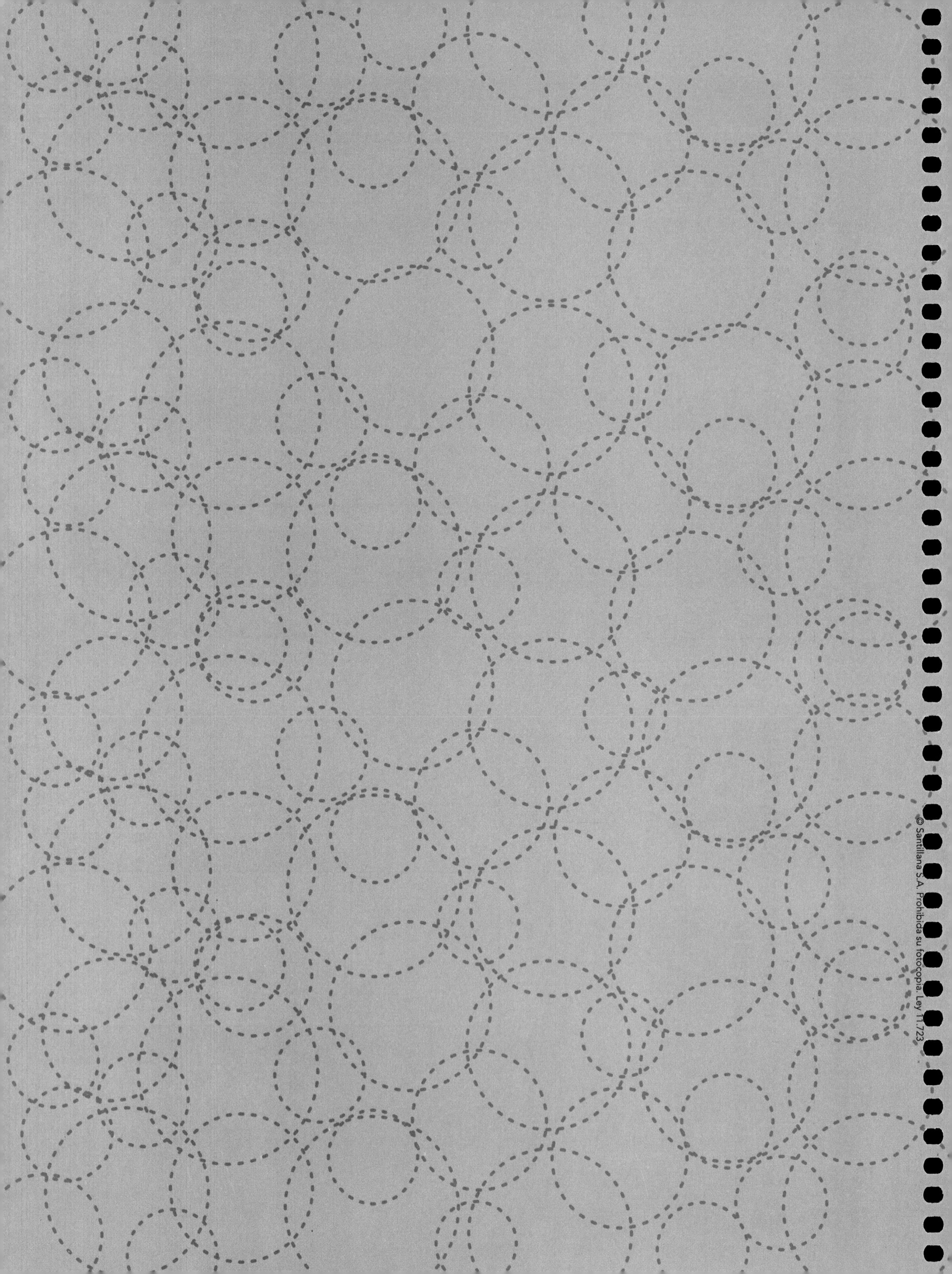

El juego de las sombras

¿Qué figuras producen cada una de estas sombras? Escribí sus nombres.

Marcá con una **X** qué clase de cuerpos producen todas esas sombras.

Translúcidos ☐ Opacos ☐ Transparentes ☐

Cuidamos y nos cuidamos

Marcá los errores en el uso de la electricidad.

Escribí un consejo para el buen uso de la electricidad.

Hacé un dibujo en tu cuaderno para ese consejo.

3 Otra manera de informar

- **¿Qué están haciendo** los chicos?
- **¿Qué quieren mostrar?**
- **¿Cuál creés que será** la idea de la nena?
- **¿Cómo organizarían ustedes** tantos datos y fotos en una lámina?

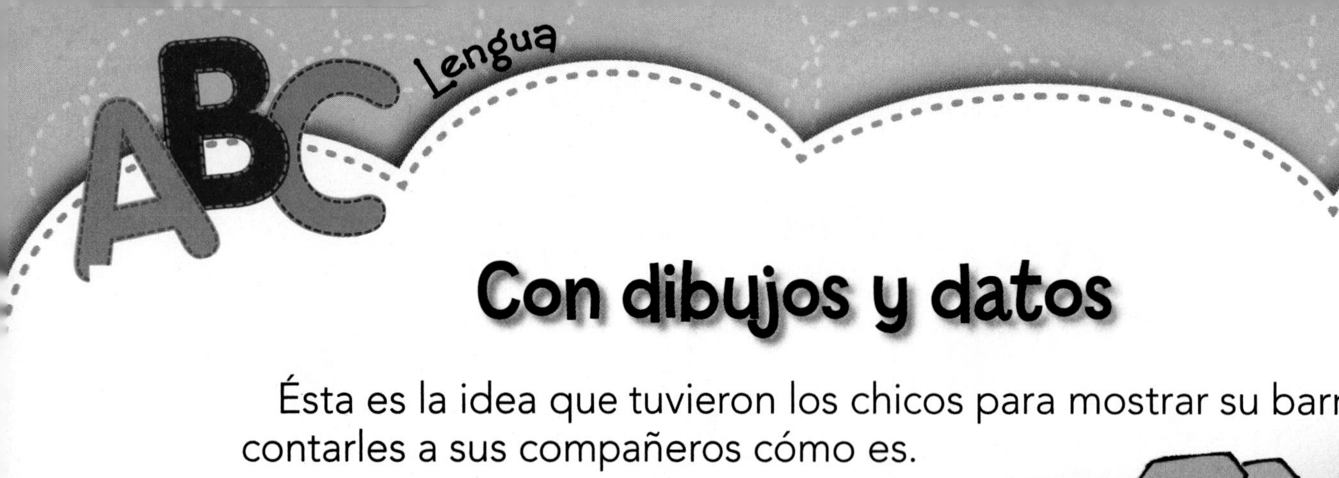

Con dibujos y datos

Ésta es la idea que tuvieron los chicos para mostrar su barrio y contarles a sus compañeros cómo es.

Se llamó Villa del Rey porque en este lugar pasaba sus vacaciones un conocido virrey que le puso ese nombre.

ESTACIÓN

Villa del Rey nació al costado de la estación de tren.

En la plaza se conserva una vieja palmera que tiene alrededor de cien años.

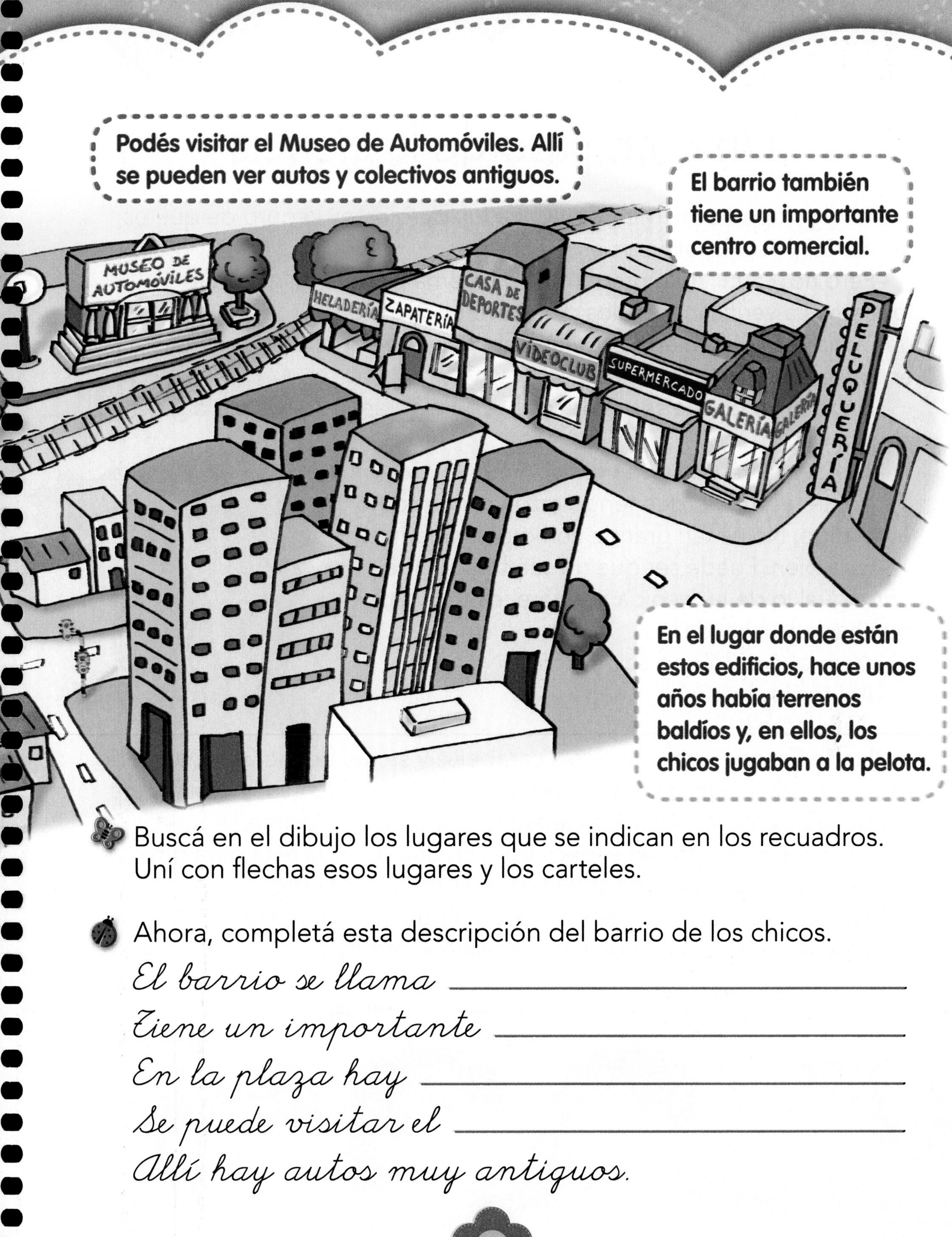

Buscá en el dibujo los lugares que se indican en los recuadros. Uní con flechas esos lugares y los carteles.

Ahora, completá esta descripción del barrio de los chicos.

El barrio se llama ______________________

Tiene un importante ______________________

En la plaza hay ______________________

Se puede visitar el ______________________

Allí hay autos muy antiguos.

Un gran paso de la ciencia

–Te digo que es así. Mirá, yo nunca fui, pero estoy seguro de que es así. Es así, Nico. La avenida es el límite.

–Pero no, Lauti. Yo le pregunté a mi mamá porque dijimos que lo íbamos a verificar entre los dos, pero el otro día escuché que mi hermana estaba hablando con una amiga y me pareció que quedaban en verse del otro lado.

–No, eso no puede ser. ¿Vos conocés a alguien? ¿Vos viste a alguien alguna vez?

–Y... no... La verdad que no.

–Ahí tenés. Es porque tengo razón yo. Es como yo te digo. No es tan grande como pensábamos.

–Está bien. Puede ser que no sea tan grande pero igual lo de la avenida me parece raro. ¿Y por qué hasta la avenida?

–¿Y yo qué sé? Yo no soy Colón.

–Ahí tenés, ¿ves?

–¿Qué cosa?

–Lo de Colón. Si salió con tres carabelas y se fue desde España y todo el lío, ¿dónde están, a ver sabiondo, dónde está todo eso, y China y los esquimales y los leones y los elefantes?, ¿eh? A ver, decime.

–Yo no sé. Yo no soy un especialista. En una de ésas está para otro lado. Pero lo de la avenida seguro que es como yo te digo.

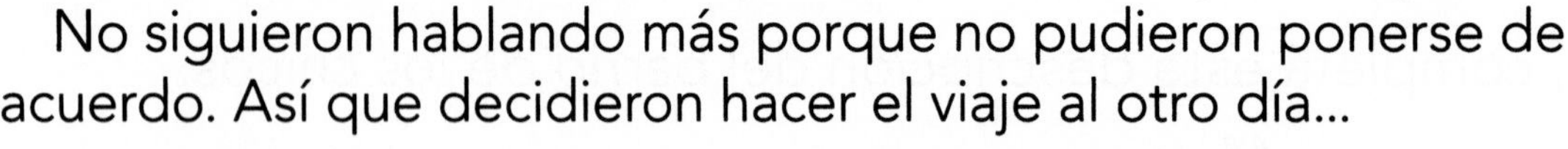

No siguieron hablando más porque no pudieron ponerse de acuerdo. Así que decidieron hacer el viaje al otro día...

Salieron con la cantimplora de Lauti llena de jugo y con una bolsita con dos sándwiches de jamón y queso que había preparado Nico.

Llegaron a la avenida. Con mucho cuidado, casi con miedo, cruzaron. Empezaron a caminar despacito por la calle del otro lado, mirando dónde ponían cada pie. Nada de lo que esperaban. Casas por todos lados, algunos negocios.

Un barrio muy parecido al de ellos. Nada. Dos cuadras más allá resolvieron pararse.

–¿Y? –preguntó Nico–. ¿Qué me decís ahora?

–Tenías razón –contestó Lauti agachando la cabeza.

Y agregó, con el esfuerzo de quien acepta un error:

–Pasando la avenida no se termina el mundo.

Esteban Valentino

Comprendo LA LECTURA

¿Adónde "viajaron" Lauti y Nico?

____

Marcá con una **X** qué pensaban los chicos que había del otro lado de la avenida, y con una **X**, lo que encontraron.

El desierto. ☐ **El fin del mundo.** ☐ **Un barrio parecido al de los chicos.** ☐

¿Qué diferencia hay entre una calle y una avenida? Conversá con tu compañero y explicalo en el cuaderno.

Números hasta el 299

Uní a cada cartero con las direcciones a las que deben ir.

Yo reparto las que tienen un número que esté entre 200 y 250.

Felipe

Y yo las que están entre 251 y 299.

Tomás

• Soler 268 • • Piedras 298 • • Soler 202 • • Jujuy 209 • • Valle 289 • • Piedras 249 •

Descubrí la numeración de cada sobre y escribila.

Salsipuedes:
200 + 40 + 9

____

Piedralibre:
está entre 270 y 280 y termina en 8

____

Escondidas:
doscientos treinta y seis

____

Ordená las casillas de correo de menor a mayor.

____ ____ ____ ____ ____ ____ ____

Palabras para nombrar

¿Qué podés encontrar en cada uno de estos comercios? Escribí una pequeña lista para cada uno.

correas	*lechuga*	*témperas*	*semillas*

Marcá con una **X** los sustantivos de cada grupo.

Las palabras que sirven para nombrar objetos, personas, animales, plantas o lugares son **sustantivos**.

Elegí los sustantivos de la actividad anterior que se necesitan para completar estas oraciones.

Los ____________________ *vuelan a sus* ____________________

mientras los ____________________ *los miran.*

Restas más difíciles

El club del barrio organizó una competencia deportiva. Se anotaron 72 personas pero asistieron 59. Para saber cuántas son las personas que no se presentaron, los chicos hacen esta cuenta. Completala.

No puedo restar 2 – 9.

Pasá una decena a las unidades y restá 12 – 9. Después restá las decenas, pero no te olvides de que ya no hay 7 sino 6.

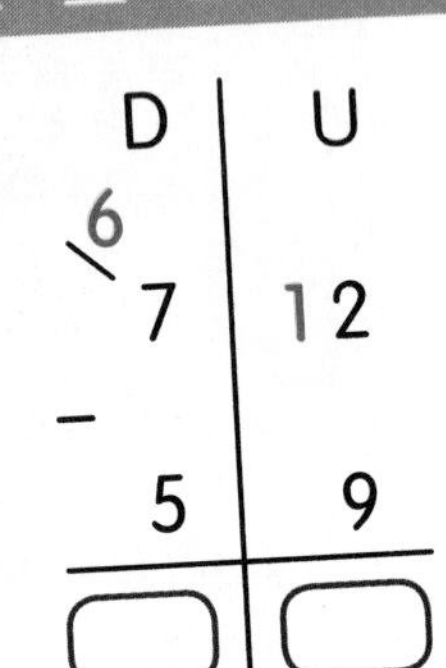

Mirá los dibujos, escribí una cuenta para cada situación y resolvé.

Había 93 globos. Se volaron 15 globos.

Cuenta

R: ______________________________

Había 175  Se pincharon 38  pelotas.

Cuenta

R: ______________________________

¡Qué lindo barrio!

A Lara le encanta su barrio. Le gusta sobre todo porque es tranquilo, porque hay muchos árboles, porque las casas son bajas y porque no pasan muchos autos. Además, la escuela y los negocios donde compra golosinas, útiles y comida le quedan muy, muy cerca. Muchos amigos de Lara viven a pocas cuadras, así que puede ir a jugar con ellos a la plaza o al club.

Mirá bien esta imagen.

Ésta es la casa de Lara.

Ahora contestá.

- Decí si el número de la casa de Lara es mayor o menor que 196.

- ¿Qué negocios podés observar en la cuadra donde vive Lara?

- ¿Qué cosas ve Lara en la calle, camino a la escuela?
  Sendas peatonales,

Con mb y con mp

Marina y Caro juegan con las palabras. Descubrí el grupo que eligió cada una para escribir y marcalo con una **X**.

CAMBIO TAMBOR POR TROMBÓN, SOMBRILLA POR BOMBILLA Y SOMBRA POR ALFOMBRA.

MP ☐ 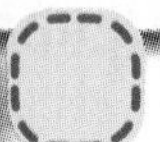 MB ☐

ACAMPÉ TEMPRANO EN EL CAMPO DE MI COMPAÑERO. COMPARTIMOS EMPANADAS AL COMPÁS DE UNA TROMPETA.

MP ☐  MB ☐

Mirá los dibujos y completá las palabras.

Ahora escribí en tu cuaderno, como lo hacen las chicas. Usá estas palabras: **Amparo – campanas – compra**.

Figuras geométricas en la plaza

Para disfrutar más la plaza, los chicos hicieron carteles con distintas formas.

Pintá las figuras de cada cartel siguiendo estas pistas.
Con la que tiene tres lados.
Con la que tiene 4 lados, dos de ellos más largos que los otros dos.
Con la figura que tiene un solo lado curvo.
Con la que tiene sus cuatro lados iguales.

No ensuciar ni pintar la escultura.

No caminar cerca de las hamacas.

Arroje la basura aquí.

- Escribí el nombre de la figura del cartel que le corresponde a cada ilustración.

____

____

____

____

Sustantivos en un tango

Un pedazo de barrio, allá en Pompeya,
durmiéndose al costado del terraplén.
Un farol balanceando en la barrera
y el misterio de adiós que siembra el tren.

"Barrio de tango". Fragmento.
Letra de Homero Manzi y música de Aníbal Troilo.

Para contar cómo era su barrio, Homero pensó en algunas cosas que tenía ese lugar.

Completá con palabras que nombren cosas que sirvan para contar cómo es tu barrio.

Un ____________________. **Una** ____________________.

Unos ____________________. **Unas** ____________________.

Mirá las primeras huellas dibujadas y descubrí cuáles son los pares de baldosas que se relacionan. Unilos con diferentes colores.

perros	**el**	vecinas	negocio
barrio	los	vías	un
flores	baldosas	faroles	la
vereda	unos	teléfono	plaza

- Ahora completá.

el barrio la ______________ ____ ______________

____ ______________ ____ ______________

Compras y dinero

Leé y completá.

Le di $ 100 y me dio $ 28 de vuelto. ¿Cuánto me costaron las botas que compré?
$45
$72
$60
$120

Cuenta

R: ____________.

---

gaseosa $ 2
pochoclo $ 1
garrapiñadas $ 3
copo de azúcar $ 2

¿Cuánto tenemos que pagar?

Compremos 4 gaseosas, 2 garrapiñadas y 2 copos de azúcar.

Cuenta

R: ____________.

Historias en historieta

Don Nicolás se perdió en Villa del Rey, buscando el Museo de Automóviles.

¿Te imaginás qué está diciendo don Nicolás? Escribilo en los globitos.

Pintá con un color los signos que se usan para preguntar y con otro, los que se usan para exclamar.

Leé las oraciones. Pero ¡cuidado! Están desordenadas.

Un vecino lo notó preocupado y le preguntó adónde iba. Don Nicolás está perdido. Por eso, le preguntó a una señora dónde quedaba el museo. El vecino lo acompañó hasta el museo y don Nicolás le dio las gracias. Pero la señora no sabía bien.

- Ahora, en tu cuaderno, escribilas en orden para que se entienda la historia.

Billetes y monedas

Recortá los billetes y las monedas de la página 75 y pegá los que pudo haber usado cada uno.

Morena pagó la muñeca y una corona y no le dieron vuelto.

José compró dos baldes para la playa y un muñequito.
No le dieron vuelto.

Barrios y barrios

En cada ciudad hay muchos **barrios**.

No todos los barrios son iguales. Los barrios **residenciales** son más tranquilos. Tienen casas bajas y amplias con jardines, hay más plazas y las calles están arboladas.

Otros, en cambio, son más ruidosos. Por ejemplo, los barrios **comerciales**, donde hay mucho movimiento y las calles son muy transitadas por autos y por personas. Tienen altísimos edificios de departamentos, de oficinas y muchísimos más negocios.

También existen los barrios **fabriles**, donde hay talleres, fábricas y distintas industrias.

Barrio residencial. Barrio comercial. Barrio fabril.

Observá las fotografías y completá el cuadro.

	Tipos de vivienda	Cantidad de vehículos	Otras diferencias
Barrio residencial			
Barrio comercial			
Barrio fabril			

Hacé un círculo de color alrededor del barrio que se parece al tuyo.

Describí en tu cuaderno el barrio donde está tu escuela.

Guardo en mi baúl todo lo que sé

Sé reconocer qué les ocurre a los personajes en diferentes momentos del cuento. Escribí las palabras de los carteles donde corresponde.

Al principio Al final

_____________ creían que iban a encontrarse con algo desconocido.

_____________ encontraron algo muy parecido a lo que conocían.

Sé una regla para escribir mejor. Completá.

Antes de **p** escribo ________. Antes de **b** escribo ________.

 ________________ 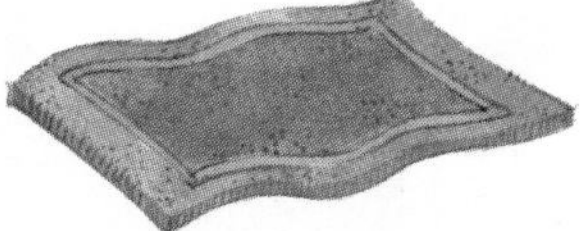 ________________

Sé reconocer sustantivos. Subrayalos en esta oración.

Mi abuelo juega con su perro en la vereda.

Sé qué signos tengo que usar para escribir una pregunta o una exclamación. Escribí los signos que corresponden.

___Te gustan los bombones___

___Me encantan___

Sé ordenar estos números. Ordená de mayor a menor.

111 211 299 208 280 199

Sé hacer restas más difíciles. Calculá.

$$\begin{array}{r} 70 \\ - \; 25 \\ \hline \square \end{array} \qquad \begin{array}{r} 129 \\ - \; 54 \\ \hline \square \end{array}$$

Sé reconocer algunas figuras geométricas. Contá cuántas figuras hay y completá.

Cuadrados: ☐ Círculos: ☐ Rectángulos: ☐ Triángulos: ☐

Sé contar monedas y billetes. ¿Cuánto dinero hay? Escribilo.

¡Cuánto guardé!

Lo que más sé ....

Me costó un poquito ....

Recortables PARA USAR EN LAS ACTIVIDADES DE LA PÁGINA 71.

Con los billetes y las monedas que te sobran, jugá con un compañero a comprar y vender en la juguetería.

Sociales

De paseo por el barrio

Los chicos salieron a recorrer el barrio.

Éste es el recorrido que hicieron los chicos. Marcalo.

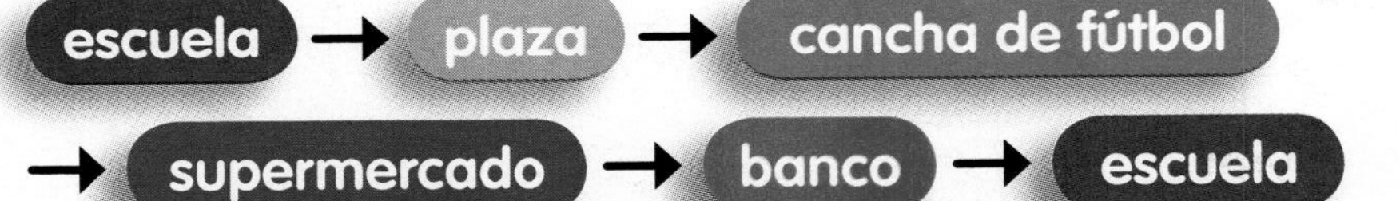

Dante vive en la calle Rincón, en el edificio de departamentos que queda frente a la escuela. Encontrá su casa y marcala en la imagen.

Marcá con otro color el recorrido que hace la mamá de Dante para ir al supermercado.

Valores

Así vamos por la calle

Antes de salir por el barrio, los chicos y la maestra leyeron y comentaron una lista de acciones que conviene hacer y otras que no conviene hacer.

Marcá con una **X** las acciones convenientes.

- No separarse del grupo. ☐
- Cruzar la calle por la senda peatonal. ☐
- Cruzar con el semáforo en rojo. ☐
- Tirar papelitos en la vereda. ☐
- Mirar a ambos lados de la calle antes de cruzar. ☐
- Seguir las indicaciones de la maestra. ☐
- Saltar, correr y hacer lío por la vereda. ☐
- Empujar a los compañeros. ☐
- Correr mientras cruzo la calle. ☐

¿Qué acción te parece más importante?

____

____

¿Por qué? Explicalo en tu cuaderno.

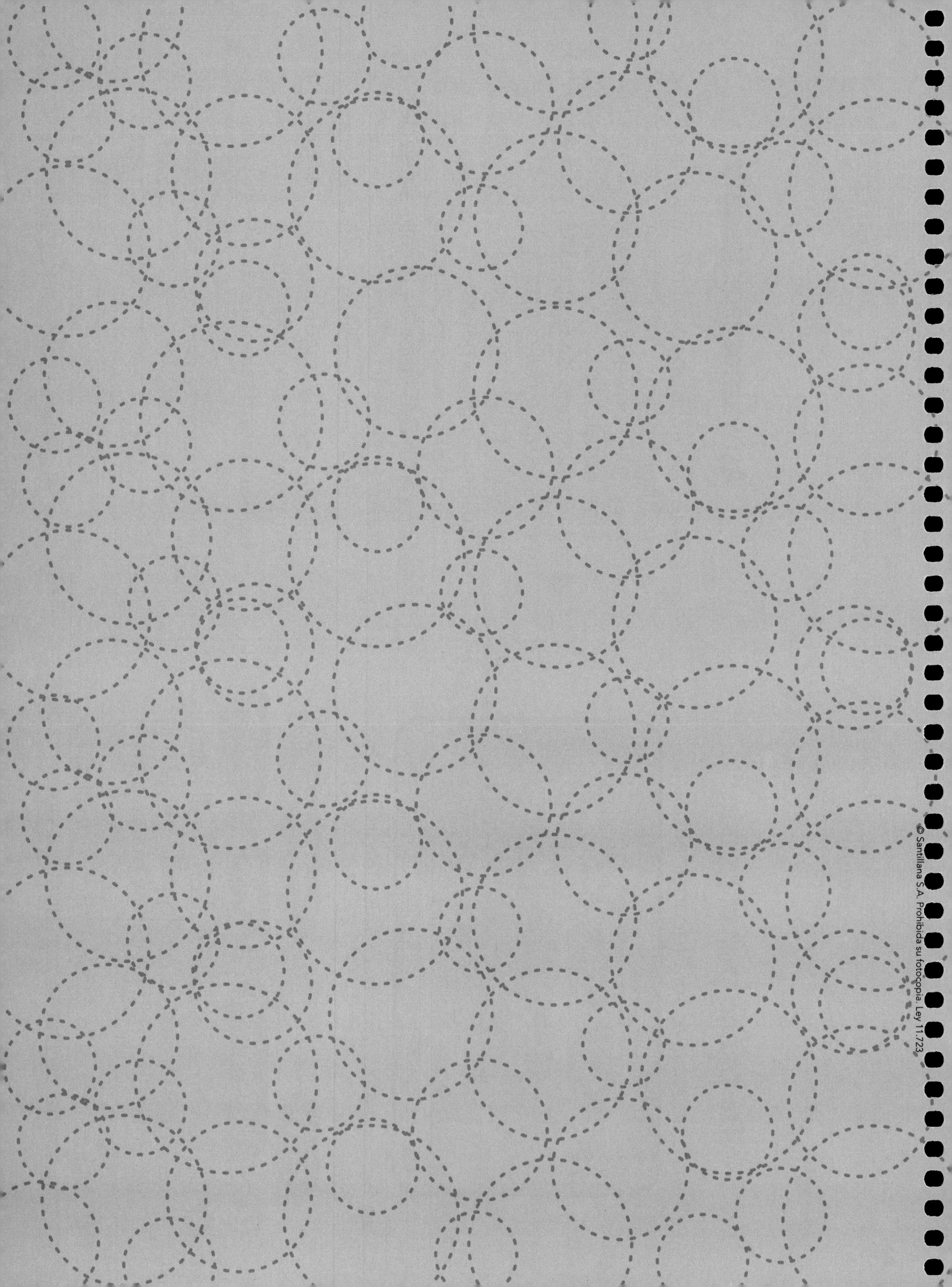

4 Datos personales

ES UN PERSONAJE DE UN CUENTO.
ES UNA JOVEN HERMOSA Y BUENA.
LA DESPIERTA UN PRÍNCIPE.
SUS PADRES SON REYES.
SE PINCHÓ EL DEDO CON UNA AGUJA.

- ¿De qué personaje se trata?
- ¿Qué datos te dieron más pistas para descubrirlo?
- ¿Cuál no te dio casi ninguna pista? ¿Por qué?
- Pensá en un personaje y decí sus datos para que otro lo descubra.

Para ordenar lo que sabemos

Los chicos de segundo leyeron muchos cuentos. Por eso su maestra les pidió que hicieran fichas de los personajes más conocidos.

¿Te animás a completar esta ficha con los datos que conocés de este personaje?

Nombre del personaje: ______________________.

Cómo es: ______________________

______________________.

Cuentos en los que aparece: ______________________.

Problemas que ocasiona: ______________________.

¿Para qué se usará cada una de estas fichas? Completá.

____________	
Alumno:	Juan Pérez
Grado:	2.°
Fecha de nacimiento:	21/12/99
Domicilio:	Pasaje El Nene 1234
Ingreso a la escuela:	6 de marzo de 2006

____

____

____________	N° 752
Libro:	Cuentos de Grimm
Número:	752
Editorial:	Santillana
Préstamo:	Liliana de 2.° B
Día de devolución:	4 de julio

____

____

Buscá en la página 97 la ficha para completar.

Lugares y nombres

Lucía vive en la Argentina, como nosotros. Pero tiene amigos aquí, en España y en Brasil.

Leé con atención las pistas y escribí en qué país vive cada uno.

Julián no vive ni en España ni en Brasil.

Adriana no vive en Brasil y tampoco en la Argentina.

Martín no vive en la Argentina y tampoco en España.

Martín vive en ______________________.

______________ *vive en* ______________________.

______________ *vive en* ______________________.

Inventá un nombre para cada personaje y para cada lugar en el que vive. No te olvides de escribir los nombres con mayúscula.

Nombre: ______________

______________.

País: ______________.

Nombre: ______________

______________.

País: ______________.

Dobles

Juan y Gus toman fotos en la playa. Juan las toma desde muy cerca y Gus las toma desde lejos.

Contá lo que logró fotografiar cada uno y completá.

Fotos de Juan

2

Fotos de Gus

El doble de 2 ⟶ ___

3

El doble de 3 ⟶ ___

Resolvé el crucinúmero.

Horizontales

1. El doble de 11.
3. El doble de 50.
4. El número anterior a 200.
7. El número que le sigue a 199.

Verticales

1. Doscientos diecinueve.
2. 2 C + 9 U + 0 D.
4. El menor número de 3 cifras iguales.
5. 3 C.
6. El doble de 25.

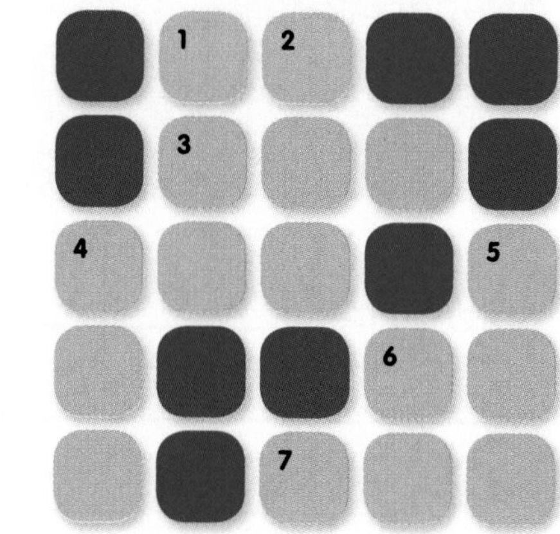

Las cuatro estaciones del año

A lo largo del año, se van sucediendo cuatro estaciones: **otoño**, **invierno**, **primavera** y **verano**, siempre en el mismo orden.

Otoño
21 de marzo – 20 de junio

En otoño comienzan las clases en la mayoría de las escuelas de nuestro país. El tiempo es más fresco, y muchos árboles van perdiendo sus hojas.

Invierno
21 de junio – 20 de septiembre

En invierno hace más frío y, en algunos lugares, a veces nieva. Por eso nos quedamos más en casa y usamos la calefacción.

Primavera
21 de septiembre – 20 de diciembre

En primavera, las plantas y los árboles se cubren de flores y nacen muchos animales. Los días son más cálidos y nos dan ganas de salir a pasear.

Verano
21 de diciembre – 20 de marzo

En verano hace más calor y usamos ropa más liviana. Como ya han terminado las clases, muchas familias, si pueden, se van de vacaciones. Las playas y las piletas se llenan de chicos.

Contestá en tu cuaderno.

- ¿En cuál de las cuatro estaciones estás ahora?
- ¿En qué estación es tu cumpleaños?

Coquena

En la inmensa soledad de las montañas de Salta, los animales están protegidos. Un enanito misterioso defiende sus vidas de todos los peligros.

Cuentan que el Chango, un pastorcito indio, vio una vez a Coquena. El Chango era pastor de cabras y como eran tan pocas, apenas cuatro, él las llamaba "mi majadita". Pero las cuidaba como si fueran muchísimas. Los otros pastores se burlaban de él:

–¡Cuidado con la majada, Chango! ¡No vas a equivocarte al contarlas!

Y él siempre contestaba: –¡Cuatro son más que una y una es más que ninguna!

Un día los pastores le dijeron que del otro lado del Cerro Grande había un lugar alejado donde corría un río y crecían pastos tiernitos, tiernitos. Y allí fue el Chango, en busca de pasto tierno para sus cabritas. Anduvo por senderos solitarios y peligrosos desfiladeros, hasta que por fin llegó al valle. El Chango se quedó maravillado. Las cabras saltaban locas de contentas y comieron hasta hartarse.

Cuando empezaban el camino de regreso, se desató una terrible tormenta. Rápidamente el Chango quiso reunir a su majadita pero las cabras, asustadas, cada vez se alejaban más. Una a una las llevó a un refugio entre las rocas, para esperar que pasara el temporal.

Fue entonces cuando se dio cuenta de que le faltaba una.

–¡La Negrita! –gritó. Y salió a buscarla, desesperado. De pronto vio un pequeño bulto, tirado sobre las piedras.

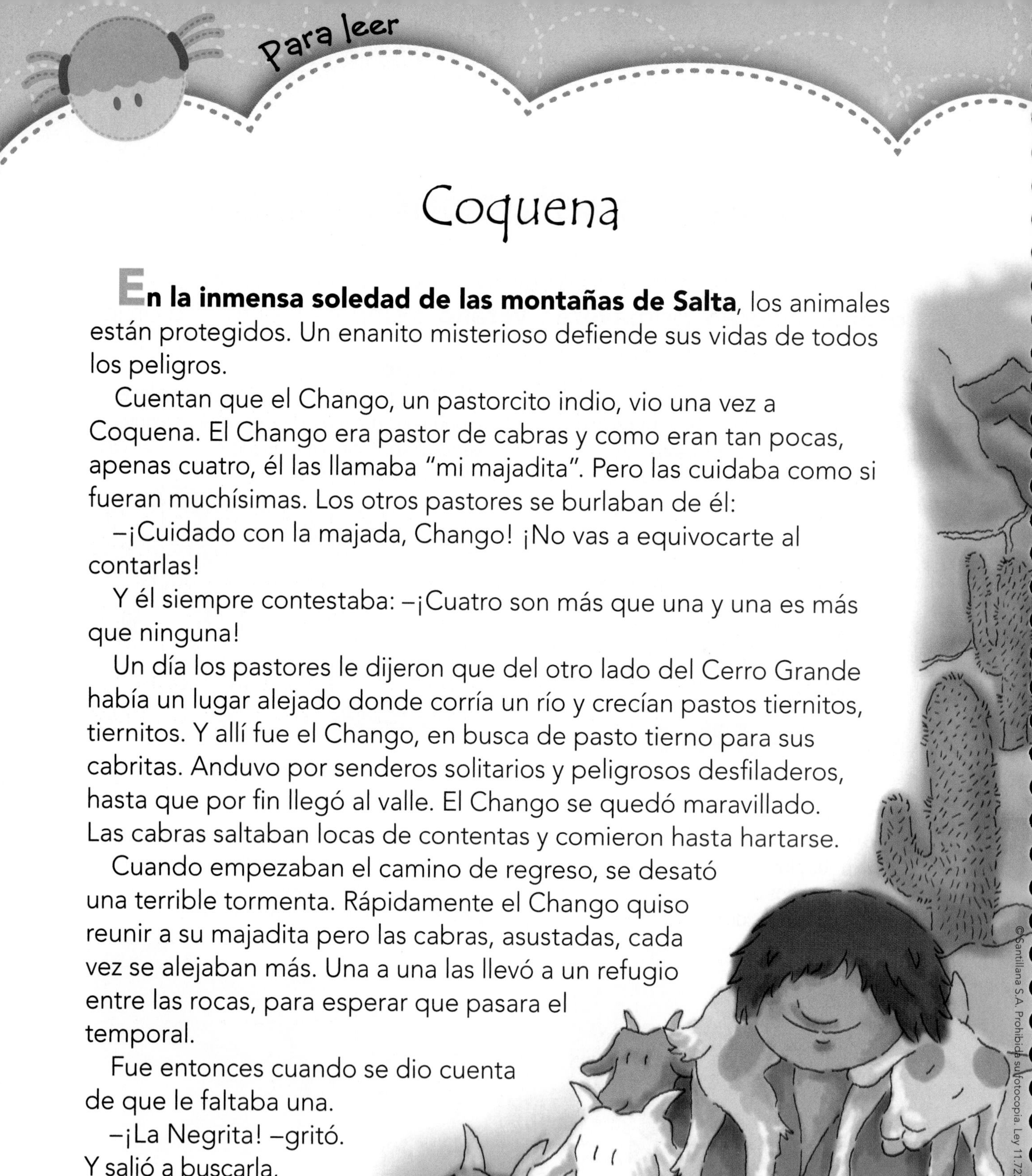

–¡Mi Negrita! –dijo con alegría–. Pero cuando se agachó vio que no era su cabra sino una llama pequeña y, al parecer, herida.

Le habló con la misma ternura que a su majadita, pero cuando fue a alzarla, en vez de la llamita se apareció el mismísimo Coquena.

–Eres bueno, Changuito, muy bueno. Pide lo que deseas. ¿Quieres oro? ¿Quieres plata? –dijo Coquena.

–Gracias, Coquena, pero no quiero nada de eso. Ayudame a encontrar a mi cabrita perdida.

A Coquena le brillaron los ojos de contento y, señalando con su mano hacia el Norte, dijo: –Sigue hasta donde termina el sendero, dobla a la izquierda y hallarás una cueva. Todo lo que esté junto a tu cabra, es tuyo. ¡Es la voluntad de Coquena! Y así, desapareció.

En la cueva encontró el Chango a la Negrita y, junto a ella, una bolsa con monedas de oro y plata.

Leyenda norteña.

Comprendo LA LECTURA

Pintá las frases que dice Coquena.

Eres bueno, Changuito, muy bueno.	Cuatro son más que una y una es más que ninguna.	Sigue hasta donde termina el sendero.

¿Cómo era el lugar adonde el Chango llevó sus cabras?

¿Por qué son peligrosos los **desfiladeros**? Mirá el diccionario y contestá en tu cuaderno.

2 veces 2, 2 veces 3...

Flor trajo de sus vacaciones en las sierras 2 cajas de dulce, 2 de conitos y otras 2 de alfajores.

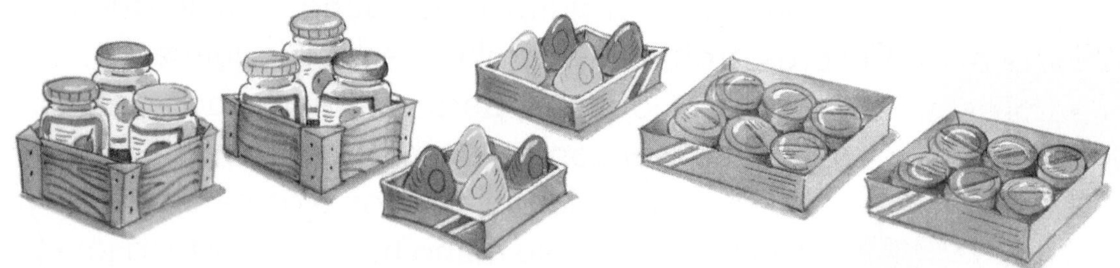

Completá para calcular cuántos frascos de dulce, cuántos conitos y cuántos alfajores trajo.

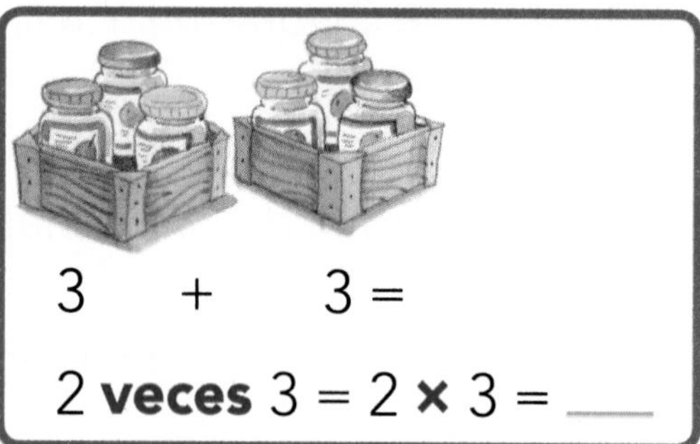

3 + 3 =

2 **veces** 3 = 2 × 3 = ___

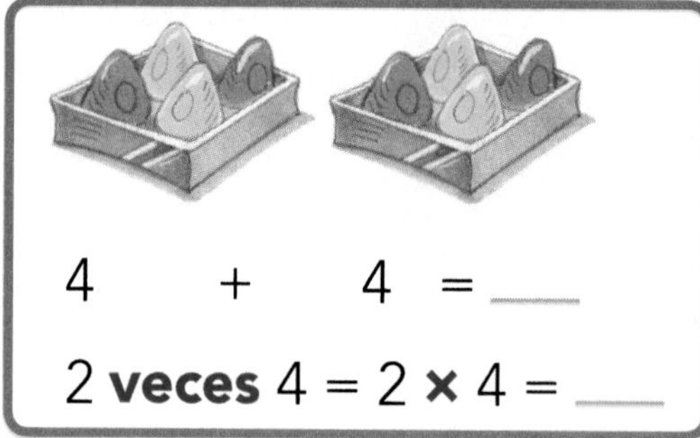

4 + 4 = ___

2 **veces** 4 = 2 × 4 = ___

6 + 6 = ___

2 **veces** 6 = 2 × ___ = ___

Resolvé con una suma y con una multiplicación.

- ¿Cuántas ruedas hay?

___ + ___ = ___

___ × ___ = ___

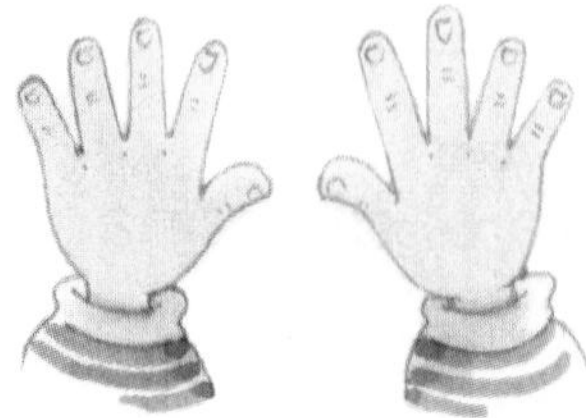

- ¿Cuántos dedos hay?

___ + ___ = ___

___ × ___ = ___

Frida y Florencia

Frida y Florencia quieren llegar a sus casas. Pero, ¡atención! Las dos nenas tienen que llevar los encargos que les hicieron sus mamás.

Dibujá el camino que hizo cada una y escribí debajo de sus nombres las cosas que tuvieron que llevar.

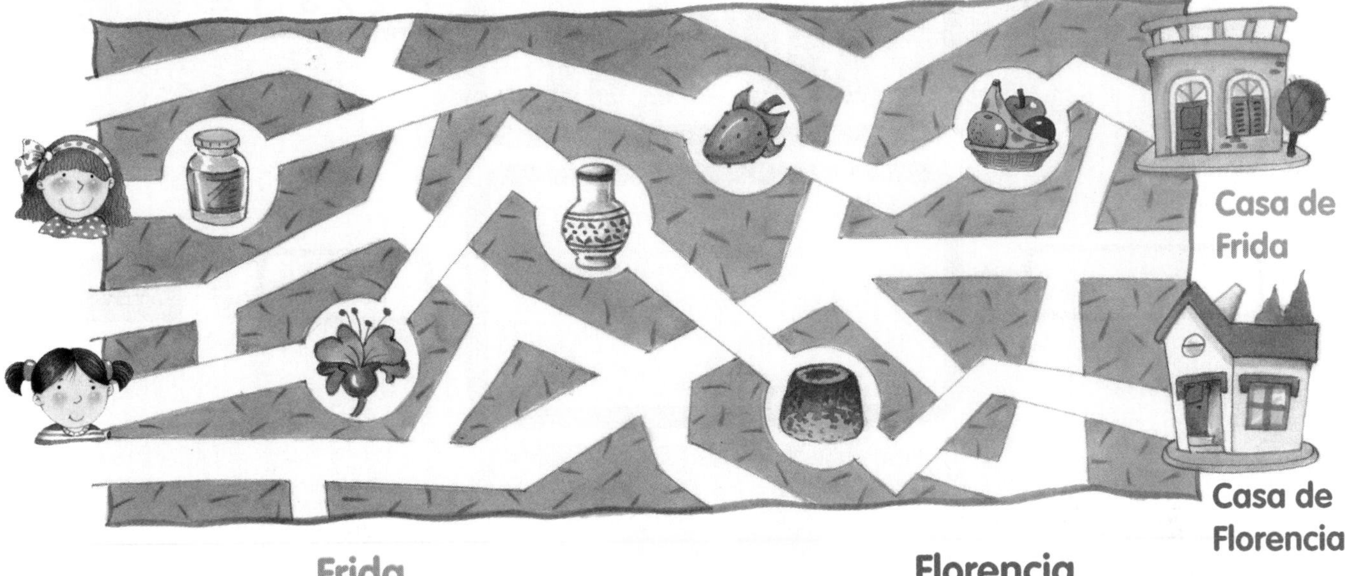

Frida | **Florencia**

Escribí en tu cuaderno oraciones con esas palabras.

fl fl

fr fr

Ya multiplicamos

Mirá el ejemplo y buscá en el recortable de la página 97 los carteles para completar esta actividad.

2 veces 3

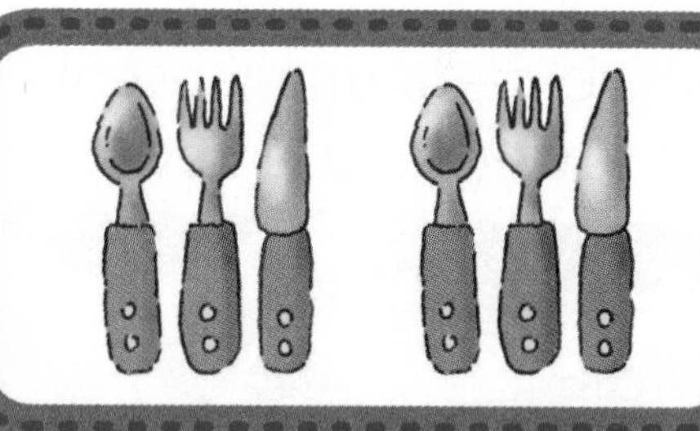

2 × 3 = 6

2 × 1 = 2

2 veces 7

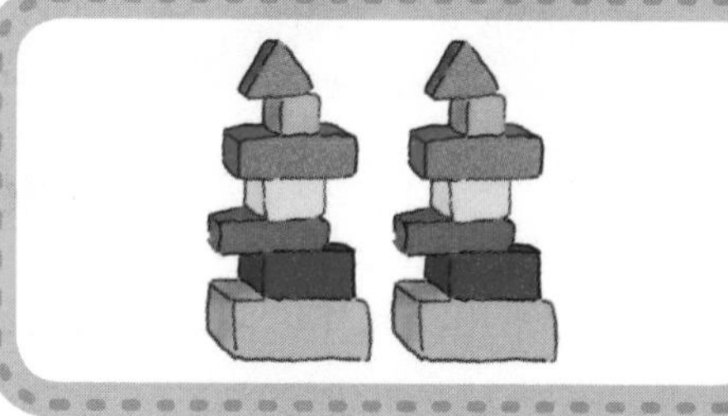

= 14

2 veces 9

= 18

Completá la tabla del 2.

×	1	2	3	4	5	6	7	8	9	10
2										

El que busca... ¡encuentra!

En esta escena hay algunos errores. ¿Te animás a encontrarlos?

Escribí en qué consisten los errores que tienen que ver con:

La cabra: ____________________.

El libro: ____________________.

Los cables: ____________________.

Ordená las palabras y escribí las oraciones en cursiva.

usa | sombrero | Pablo | un | blanco.

____

obreros | trabajan | en | la | fábrica. | Los

____

bl bl

br br

Donde hace mucho frío

En nuestro país hay lugares en los que hace mucho frío durante gran parte del año. Por ejemplo, en todo el sur, en invierno, el paisaje se cubre de nieve, hay fuertes vientos y salir al aire libre se complica bastante. Sin embargo, algunas personas aprovechan esa época para tomarse vacaciones y practicar deportes como el esquí. En verano, los chicos van al colegio; el pasto reemplaza a la nieve y las ciudades se llenan de gente.

Rodeá en la imagen los elementos que no cambian según la estación.

Donde hace mucho calor

En las selvas y los bosques del norte de la Argentina, en verano, hace muchísimo calor y crecen las plantas por todos lados. Como llueve mucho, también crecen los ríos y, a veces, se producen inundaciones que complican las actividades de la gente. En esos lugares, la estación de mayor actividad es el invierno.

Marcá con una **X** cómo pasás los veranos en el lugar donde vivís.

Jugás con agua. ☐ Te abrigás mucho. ☐

Salís todo el tiempo. ☐ Vas a la escuela. ☐

Pesas y kilos

En la feria de Valle Blanco se venden frutas, verduras y productos artesanales. Para pesarlos, usan la balanza.

Leé y completá.

Ésta es una pesa de 1 kilo. ¿Cuánto pesan las uvas?

____

Uní con una flecha cada nene y la compra que hizo.

Yo llevo **más de 1 kilo**.
Yo llevo **1 kilo**.
A mí me alcanza con **menos de 1 kilo**.
1 Kg
1 Kg
1 Kg

Buscá en el recortable de la página 97 los productos de almacén y recortalos. Hacé un cuadro como éste en tu cuaderno y pegalos en la columna que corresponde.

Menos de un kg	Más de un kg

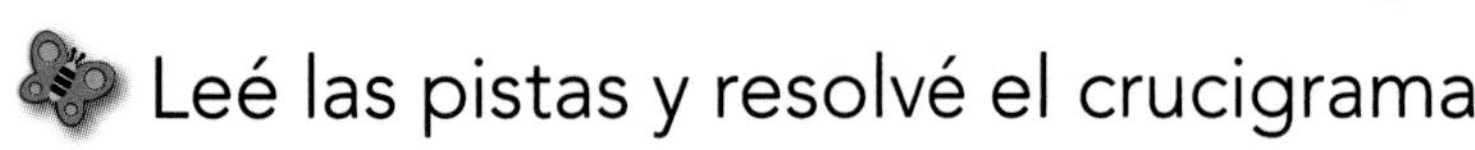

Juegos con palabras

Leé las pistas y resolvé el crucigrama.

Pistas:

1. Parte muy colorida de una planta.
2. Ganas de comer.
3. El color que tienen la nieve y la leche.
4. Caja con cerradura que se usa para guardar tesoros.
5. Galletita alargada y liviana que puede estar rellena de crema u otro dulce.
6. Lo opuesto a calor.
7. Cielo cubierto de nubes.
8. Viento suave.

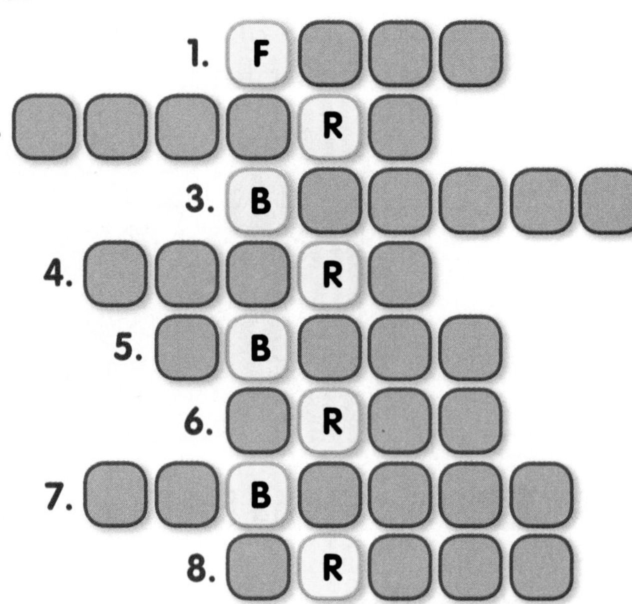

Marina se olvidó de escribir todos los puntos. Leé con mucha atención el texto y escribilos donde corresponde.

Blas veranea en el campo de la abuela Florencia Pasa las tardes jugando con sus amigos Franco y Braulio Los tres juntos alimentan a las cabras y doña Florencia los cuida Salen a buscar sabrosas frutillas y las comparten a la sombra de un árbol A Blas le encanta ir cada verano Sabe que su abuela, Franco y Braulio siempre lo están esperando.

Pensamos los problemas

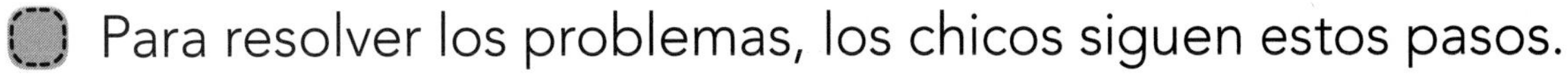

Para resolver los problemas, los chicos siguen estos pasos.

- Leen el problema.

  Dani tiene 138 figuritas y Leo tiene 26 figuritas menos. ¿Cuántas figuritas tiene Leo?

- Piensan lo que dice el problema y lo que hay que averiguar.

  ¿Cuántas figuritas tiene Dani? _____

  ¿Cuántas figuritas menos tiene Leo? _____

  ¿Qué tienen que averiguar? _____

- Deciden con qué operación se encuentra la solución, escriben la cuenta y la resuelven.

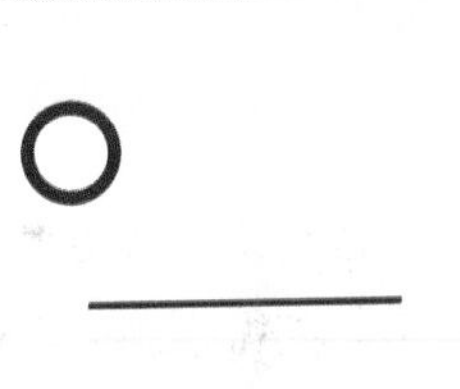

- Escriben la respuesta.

  Leo tiene _____ figuritas.

Pensá bien en los pasos que se pueden seguir y resolvé este problema.

Lucía colecciona figuritas. Tiene 173 figuritas y su hermana le regala 17 más. ¿Cuántas figuritas tiene ahora?

R: _____.

Cuenta

Antes DE LEER

- ¿Qué palabras se te ocurren cuando pensás en el cielo? ¿Y cuando pensás en un tornado?
- ¿Te parece que un poeta y un científico hablarán de la misma manera sobre el cielo? ¿Por qué?

¿Qué es el cielo?

El cielo es un lugar
que los padres y los hijos
miran en el parque.

Los chicos no tienen que pedir
permiso a nadie para mirar el cielo.

El cielo es de todos los ojos.
El cielo es azul.

¿Qué es un tornado?

Un tornado es un animal de aire
que se come cosas del mundo:
ranas, casas, autos.
Cuando el tornado se duerme
olvida las cosas que comió
y las deja caer.
Después la gente dice
que hay ranas cayendo,
que deben ser ranas de Marte.

Franco Vaccarini

- ¿En qué se parecen y en qué se diferencian estas poesías de otras que hayas leído?
- Pensá y escribí en forma de poesía qué es la lluvia y qué es el sol.

Sé completar una ficha con datos. Completá con los datos de tu compañero.

Nombre: ____ Edad: ____

Dirección: ____

Teléfono: ____

Juegos que prefiere: ____

Sé que una leyenda puede contar lo que cree un pueblo. Escribí quién es Coquena.

____

____

Sé qué letra escribir en cada una de estas palabras. Completá.

____rindis ____lusa mue____le a____razo

Sé que los sustantivos propios se escriben con mayúscula. Colocala cuando corresponde.

____udmila

____buela

____ruguay

La llave del baúl

Los nombres de las personas, los personajes y los lugares son **sustantivos propios**.

Sé que el doble de un número es 2 veces ese número. Completá.

El doble de ______ es ______.

El doble de ______ es ______.

Sé que sumar números iguales es lo mismo que multiplicar. Uní con flechas.

7 + 7 | 4 + 4 | 5 + 5

2 × 4 | 2 × 5 | 2 × 7

Sé reconocer qué pesa más de 1 kg, menos de 1 kg o 1 kg.
Escribí **más**, **menos** o **1 kg**.

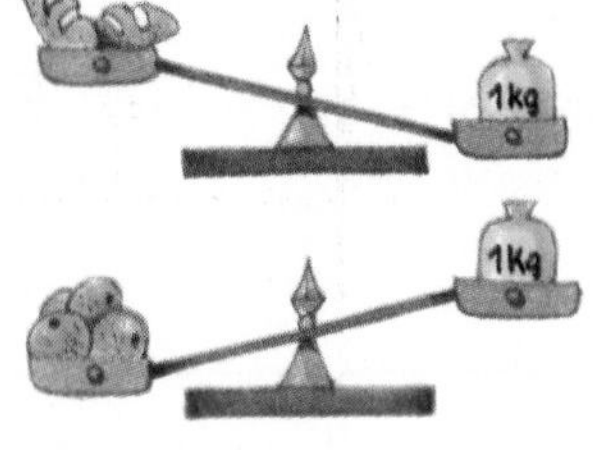

Los panes pesan ________ de 1 kg.

Las naranjas pesan ________ de 1 kg.

Las zanahorias pesan ________ .

Sé la tabla del 2. Calculá.

2 × 8 = ______ **2 × 1 =** ______ **2 × 9 =** ______

Sé resolver problemas. Respondé en tu cuaderno.
En la fábrica usaron 297 kg de harina para fabricar tapas de tarta y 118 kg para fabricar tapas de empanadas. ¿Cuántos kg de harina usaron?

Lo que más sé ....

Me costó un poquito ....

Animales en el paisaje

Completá la ficha con los datos de este animal.

Nombre del animal: ______________________

¿Dónde vive?: ______________________

____

¿Qué come?: ______________________

¿Cómo es?: ______________________

____

Recortables PARA LA PÁGINA 91.

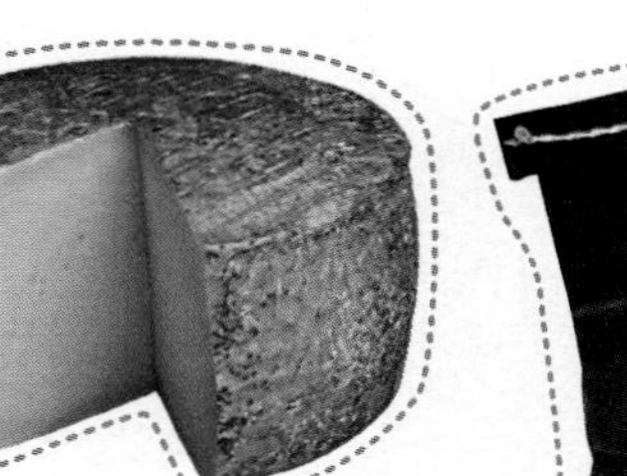

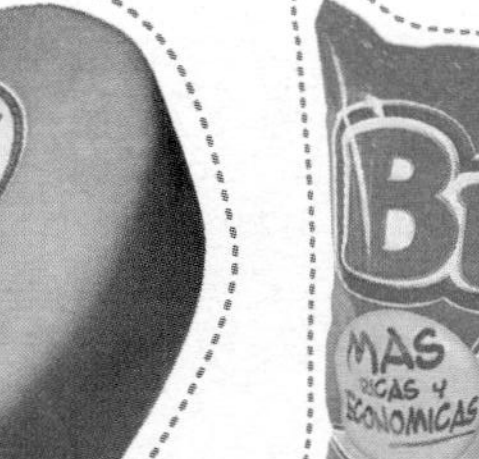

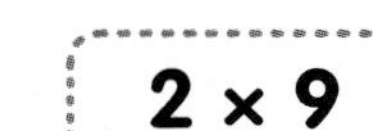

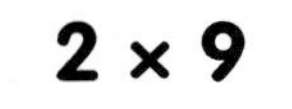

Recortables PARA LA PÁGINA 88.

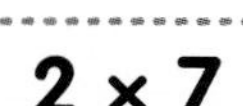

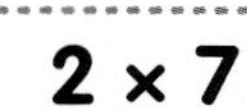

2 veces 1

2 × 9

2 × 7

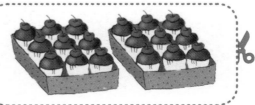

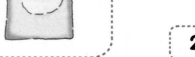

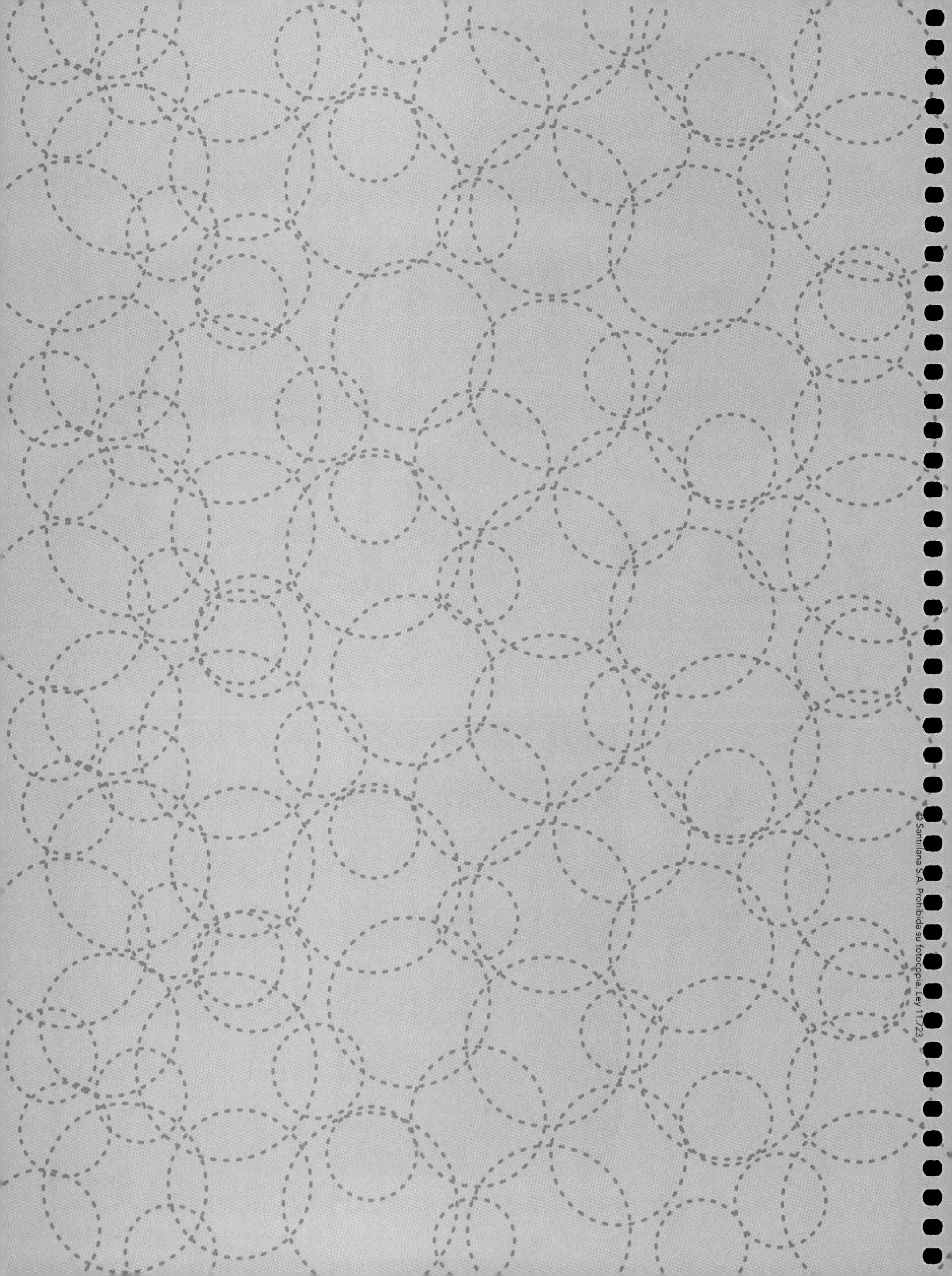

Recortables PARA LA PÁGINA 91.

El juego de las estaciones

Recortá la figura y pegala sobre cartón. Atravesá el centro con un lápiz y hacelo girar como un trompo hasta que se detenga. Completá.

Estación: ______________.

Empieza: ______________. **Termina:** ______________.

Valores

Trabajar en grupo es lo mejor

Leé esta noticia de un diario escolar.

Eligieron el equipo del año

Los chicos de 2.º votaron para elegir al grupo que trabajó mejor durante el año, colaborando con todos y presentando ideas para mejorar la convivencia en la escuela.

Los ganadores fueron "Los Ecochicos", un grupo en el que sus integrantes saben cómo ponerse de acuerdo. "Son tan unidos que siempre terminan antes sus trabajos", dijo su maestra, encantada. "Nos ayudamos entre todos, nunca nos hacemos trampa y siempre nos prestamos los útiles", explicó contento uno de "Los Ecochicos".

Dos nenas dicen que los votaron porque siempre ofrecen soluciones y son muy solidarios.

"Los Ecochicos" creen que todavía se pueden hacer muchas cosas para mejorar la convivencia y proponen que toda la escuela presente sus proyectos. ¡Felicitaciones!

- Subrayá las frases que señalan que se colabora con el grupo y en el aula.
- Ilustrá la noticia en tu cuaderno.
- Escribí una propuesta para mejorar la convivencia escolar.
- Explicá en tu cuaderno el nombre del grupo ganador.

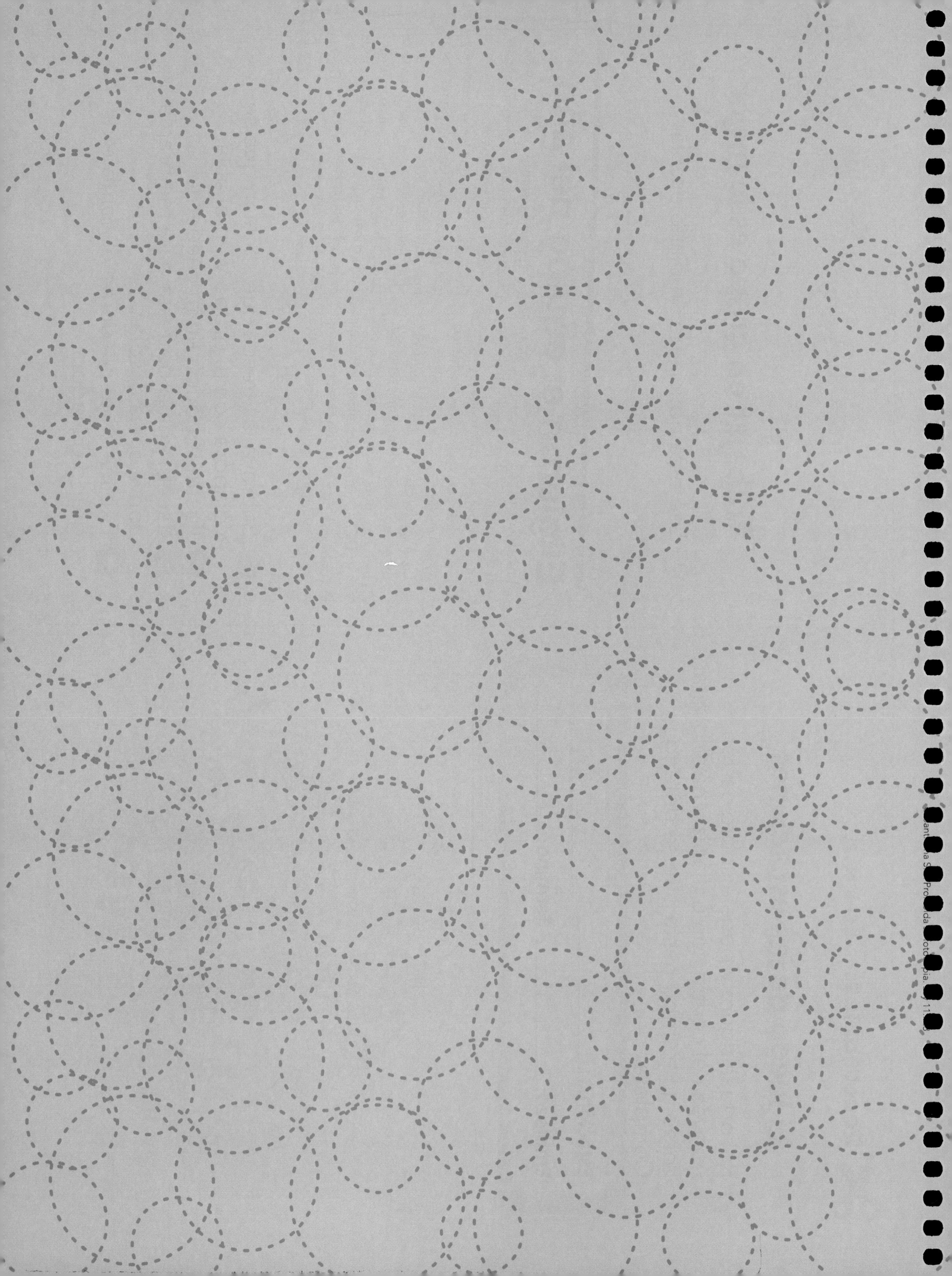

- ¿Qué pensás que están haciendo los chicos?
- ¿Por qué creés que tienen que aprender de los animales?
- ¿Qué otras cosas podemos aprender de los animales? Anotalas en tu cuaderno.

Mensajes para cuidar

Las personas compartimos lugares con los animales y las plantas. En esta ciudad comenzó una campaña publicitaria para que todos puedan convivir sin molestarse.

¿Cómo se da a conocer esta campaña publicitaria?

____

¿Cuál es el mensaje de la campaña?

____

¿Qué cuidados te parece que debe tener una persona con su mascota? Escribilos.

____

____

Elegí uno de los cuidados que anotaste y pensá una oración corta que cuente tu mensaje. Escribila en el recuadro y copiala en un afiche. Después, ilustralo.

Los veinte ratones

Leé en voz alta esta lindísima poesía.

Arriba y abajo
por los callejones,
pasa una ratita
con veinte ratones.
Unos sin colita
y otros muy colones.
Unos sin orejas
y otros orejones.
Unos sin patitas
y otros muy patones.
Unos sin ojitos
y otros muy ojones.
Unos sin narices
y otros narigones.
Unos sin hocico
y otros hocicones.
Pasó una ratita
con veinte ratones.

© María Elena Walsh. *Versos tradicionales para cebollitas*. Buenos Aires, Alfaguara, 2000.

Subrayá en la poesía: con **azul**, las terminaciones que indican **gran tamaño** y con **rojo**, las que indican **tamaño pequeño**.

Mirá los dibujos y escribí las palabras.

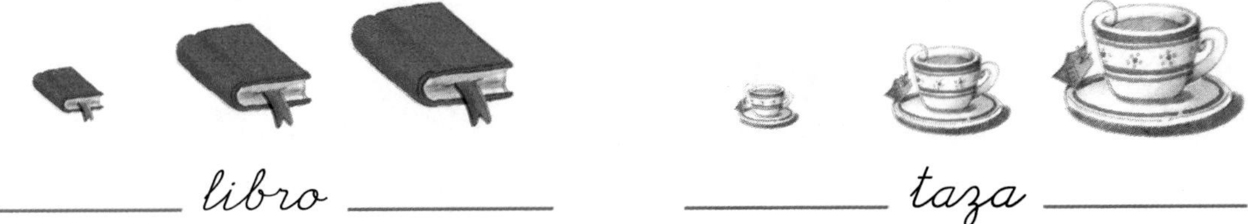

________ *libro* ________   ________ *taza* ________

Dibujá en tu cuaderno un ratón y un ratoncito, y poneles nombre: uno chiquito y otro grandote.

Números para ordenar

En el campeonato anual de perros se anotaron más de 500 perros de distintas razas.

Leé las pistas y escribí el número de inscripción que les tocó a estos perros.

1.° Quinientos quince.
2.° 400 U + 50 U + 9 U.
3.° 4 C + 90 U.
4.° 5 C + 7 D + 2 U.
5.° Cuatrocientos treinta y cinco.

Ordená estos números de menor a mayor.

_______ < _______ < _______ < _______ < _______

Colocá los signos **>** y **<**.

Caminan, nadan, vuelan

Los animales son muy distintos, pero todos se trasladan. Algunos andan sobre la tierra, otros vuelan y otros nunca salen del agua.

En cada caso, sus extremidades son diferentes porque cumplen distintas funciones: caminar, volar y nadar.

Uní con flechas.

¿Algún animal tiene más de una manera de trasladarse? ¿Cuál es? ¿De qué maneras se traslada? Pensá un ejemplo y explicalo.

El oro y las ratas

Había una vez un rico mercader que debía hacer un largo viaje. Antes de irse, quiso estar seguro de dejar en buenas manos sus lingotes de oro y se los confió a quien creía un buen amigo.

Pasó un largo tiempo y el mercader volvió. Cuando llegó, lo primero que hizo fue ir a ver a su amigo. No imaginó que lo esperaba con una mala noticia.

–¡Qué terrible! –dijo el amigo–. Guardé tus lingotes en un cofre. Lo cerré con siete llaves y lo dejé en lugar seguro. Pero no sabía que mi casa estaba llena de ratas... ¿Sabes lo que pasó?

–No puedo imaginarlo –contestó el mercader.

–Las ratas mordisquearon el cofre hasta hacer un agujero y ¡se comieron el oro! ¡Esos animalitos pueden devorar todo lo que se pone a su alcance!

–¡No puede ser! –dijo el mercader, entristecido–. Estoy en la ruina. Todo por culpa de esas ratas. Pero quédate tranquilo, amigo, sé muy bien que no tienes la culpa.

Al día siguiente, el mercader invitó a su amigo a comer en su casa. Pero antes de irse, y sin que el amigo lo notara, fue hasta el establo y se llevó el mejor caballo que encontró. Una vez en su casa, escondió al animal en los fondos.

Al día siguiente llegó el invitado, muy preocupado.

–Discúlpame –dijo–, pero el mejor de mis caballos desapareció. Lo busqué en el establo, en el bosque, en el campo y no pude encontrarlo.

El mercader, disimulando, preguntó:

–Pero ¿será posible? ¿No se lo habrá llevado la lechuza?

–¿Cómo se te ocurre?

–Es que anoche, casualmente, a la luz de la luna, vi volar una lechuza. ¿A que no sabes qué llevaba entre sus patas? ¡Un hermosísimo caballo!

–¡Qué tontería! –se enojó el otro–. ¿Dónde viste que un ave que no pesa nada cargue con un animal que pesa tantos kilos?

–Todo es posible –dijo el mercader–. En un pueblo donde las ratas comen oro, ¿por qué te sorprendes de que las lechuzas roben caballos?

El amigo, arrepentido y rojo de vergüenza, reconoció que había mentido. Pidió disculpas y devolvió el oro a su dueño. El mercader lo perdonó y le entregó su caballo.

El amigo del mercader reconoció el valor de la confianza y desde ese día fue generoso y bueno con todos los que se le acercaban.

Fábula india.

Comprendo LA LECTURA

Marcá con una **X** la oración que resume la fábula y copiala en tu cuaderno.

Un mercader que fue engañado por su amigo se enojó y lo mandó encarcelar. ☐

Un mercader engañó a su amigo y lo castigaron. ☐

Un mercader que fue engañado por su amigo lo trató de la misma forma para que comprendiera su error. ☐

Uní con flechas.

	explican misterios.
Las fábulas son cuentos que	informan.
	tienen una enseñanza o moraleja.

¿Dónde está la moraleja de esta fábula? Señalala con color en el texto.

La mitad de un número

En la granja de Tati nacieron 12 pollitos. La mitad tiene manchitas. Respondé.

- ¿Cuántos pollitos tienen manchitas? ___________
- ¿Cuántos no tienen manchitas? ___________

La **mitad** de 12 es ___________.

Contá cuántas plumas tiene la cola del pavo. Pintá la mitad de las plumas de un color y la otra mitad, de otro color. Después completá.

La mitad de _______ es _______

Uní cada uno de los número escritos en rojo con su mitad, que está escrita en azul. Escribí el nombre de la figura escondida.

____

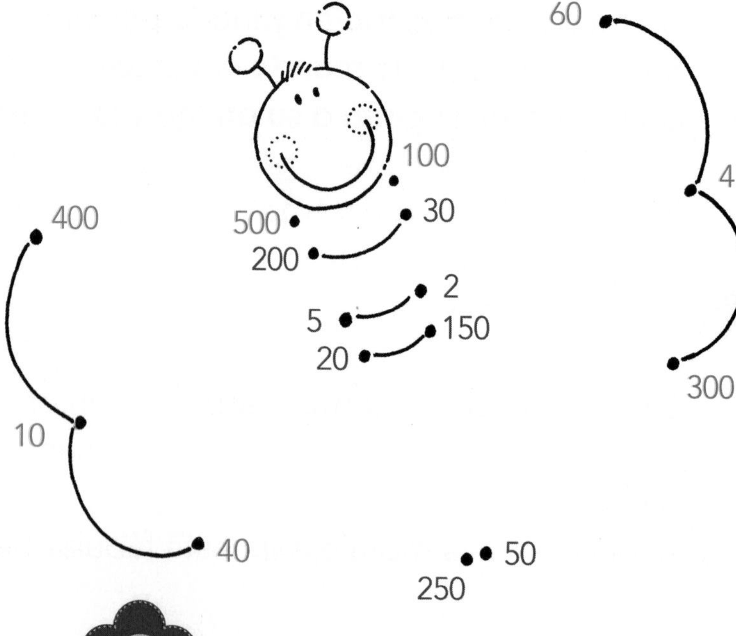

Describo con gl y con gr

Uní con flechas las partes de las oraciones que se corresponden.

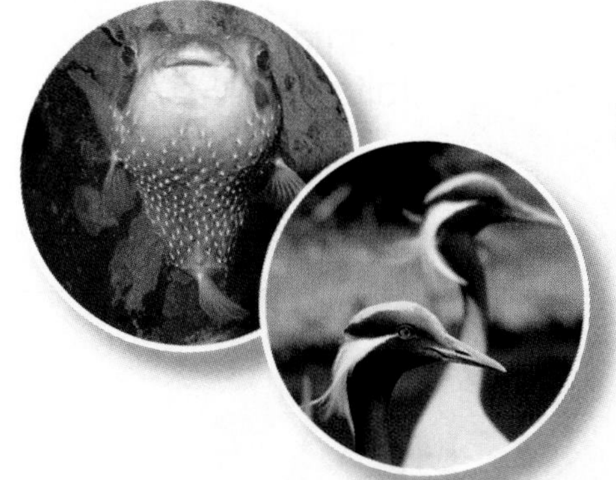

El pez globo	son muy gritonas y bailan una danza con saltos muy vistosos.
Las grullas	se hincha como una pelota cuando se siente atacado.

¿Con **gl** o con **gr**? Completá.

Me a___ada visitar a Gloria. Es la tía más ___aciosa que tengo. Siempre imaginamos aventuras locas, como dar una vuelta en ___obo o perdernos en una jun___a. La tía ___ria comparte mis sueños y mis juegos.

Contá en tu cuaderno cómo es un familiar o amigo al que quieras mucho. Usá palabras con **gl** y con **gr**.

gl gl

gr gr

Sumas y restas en el zoo

Leé las situaciones y rodeá la operación que resuelve cada una. Después, hacelas en tu cuaderno.

En el zoo hay 91 animales. Ya vimos 17.
¿Cuántos nos faltan ver?
ZOOLÓGICO
ENTRADA
SUMAR
RESTAR

¿Cuánto pesa el delfín?
Delfín
AL NACER PESABA 20 KILOS.
AUMENTÓ 180 KILOS.
SUMAR
RESTAR

MUÑECOS $15 c/u
TAZAS $5 c/u
LLAVEROS $2 c/u
GORROS $8 c/u
Quiero 2 animalitos, un gorro de jirafa y 1 taza de elefante. ¿Cuánto es?
SUMAR
RESTAR

Fotos, premios, aplausos...

José preparó un álbum de fotos y escribió una oración para cada una.

Rodeá la oración apropiada para la foto que está mirando José.

El plantel de fútbol más aplaudido...
Nosotros en el Día de la Primavera.
Medalla que me dieron por el Primer premio en el Concurso de Plástica.

Rodeá en la sopa de letras las palabras del cartel. Escribí una oración con cada palabra en tu cuaderno.

PLANO · **PRADO**
PROFESOR · **PRENDEDOR**
PRINCESA · **PLUMA**
PLANCHA

m	p	l	a	n	o	a	d	s	t	v
p	k	l	p	r	a	d	o	u	ñ	p
p	r	o	f	e	s	o	r	r	e	r
r	l	i	p	h	g	n	c	r	e	i
e	u	p	r	o	n	c	j	o	l	n
n	a	d	f	m	z	c	v	n	m	c
d	q	w	e	i	e	p	r	i	o	e
e	c	v	a	f	j	s	p	t	b	s
d	x	p	l	a	n	c	h	a	h	a
o	c	v	p	l	u	m	a	r	i	r
r	f	m	v	b	n	u	i	p	o	e

pl pl

pr pr

Patas, alas, aletas...

Observá estas fotos de animales y completá el cuadro.

Dos patas	Cuatro patas	Más de cuatro patas	Ninguna pata

 ¿Por qué los animales que vuelan también tienen patas?

____

____

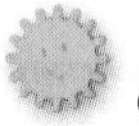 ¿Qué extremidades tienen los animales que no tienen patas?

____

____

Problemas en la veterinaria

Joaquín lleva a sus perros a la veterinaria para vacunarlos.

Mirá, leé y resolvé.

Hay 2 jaulas con 3 hámsteres en cada una. ¿Cuántos hay?

___ ⊗ ___ = ___

¿Cuántos gatitos nacieron?

___ ⊗ ___ = ___

En cada jaula hay 10 conejos. ¿Cuántos conejos hay en total?

___ ⊗ ___ = ___

Joaquín pasea a sus perros, cada uno con su correa. Sujeta 2 en cada mano. ¿Cuántos perros tiene?

___ ⊗ ___ = ___

¿Cuántos hámsteres, gatitos, conejos y perros contaste?

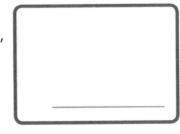

Afiches que invitan a jugar...

Alicia y sus amigos de la cuadra organizaron un lugar para jugar con sus perritos. Para hacerse conocer en el barrio, hicieron este afiche. Inventá un juego, una excursión y dos meriendas para completarlo. Escribilos donde corresponde.

Para que nuestras mascotas sean felices

Juguemos entre todos

Un lugar para que tu perro pase su tiempo libre en contacto con otros amigos perros.

Actividades:

Juegos:

- "Búsqueda de la ramita"
- "¿Dónde está el hueso?"
- ______________________

Excursiones:

- Cada uno con su correa y acompañados a la plaza por el abuelo de Alicia.
- ______________________
- ______________________

Lugar: El patio de Alicia.

Pileta: Una cómoda pileta de lona para que tu perrito pueda nadar con profesores especialistas en estilo "perrito".

Meriendas compartidas:

- ______________________
- ______________________

¿Cómo es el perro que dibujaron los chicos en el afiche? Completá las oraciones para contarlo. Agregá lo que te parece necesario decir.

El perro del afiche tiene el pelo ____________ de color ____________. Sus ojos son ____________. Está ____________ con una pelota. Usa un collar ____________.

Se lo ve muy ______________________.

Semanas y días en el campo

Sole cuenta los días que faltan para ir al campo con su abuelo. Ella siempre lo ayuda con los animales.

Faltan diez días para ir al campo con el abuelo Jorge.
JULIO
1
¡Sí! Y vas a pasar dos semanas con él.

Completá el mes de julio y luego respondé.

Domingo	Lunes	Martes	Miércoles	Jueves	Viernes	Sábado

- ¿Qué día de la semana se va Sole al campo de su abuelo? ______
- ¿Cuántos días se va a quedar? ______
- Pintá con celeste el día que regresa.
- Pintá con rojo los domingos.
- ¿Cuántos días tiene el mes de julio? ______
- Buscá un almanaque y escribí otros meses que tengan la misma cantidad de días que el mes de julio. ______
- ¿Qué meses tienen solo 30 días? ______
- Hay un mes que tiene menos de 30 días. ¿Cuál es? ______

Promesa de primavera

Leé y completá en los renglones las partes que faltan en esta historieta. Mirá muy bien los dibujos para contar cómo es el lugar o qué pasa en cada cuadro.

En un bosque de pinos, cerca de las montañas, jugaban Tatú y Luna, dos ositos pequeños.

Vamos al río
a jugar.

Fueron hasta ______________________

______________________________.

¡Qué lindo fue conocerte!

¡Lástima que nos tenemos que separar!

Entonces, apareció ______________________

______________________________.

Vamos. Ya es tiempo de hibernar.

Cuando llegue la primavera voy a buscarte.

Cuando pasó el invierno ______________________

______________________________.

Soy
yo, Luna.
Cumpliste tu promesa.

Sé que las fábulas son cuentos que enseñan. ¿Qué otras fábulas conocés? Escribí dos títulos.

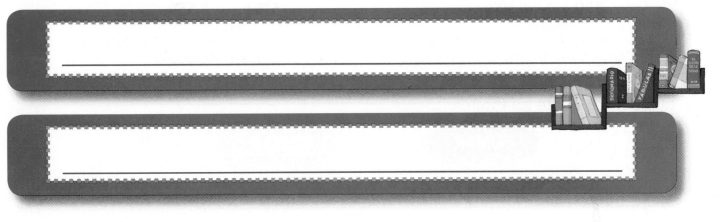

Sé para qué sirve un afiche. Completá.

Un afiche sirve para ______________________________

______________________________.

Sé escribir palabras con gl, gr, pl y pr. Completá y escribí dos oraciones.

___**icina** ___**uta** ___**anisferio** ___**ecio**

______________________________.

______________________________.

Sé escribir aumentativos y diminutivos de una palabra. Escribilos. Después, entre todos, piensen una regla y anótenla.

__________ *sol* __________

____

Sé si un número es mayor o menor que otro. Completá con > y <.

330 ▢ 303 519 ▢ 559

Sé qué operación usar para resolver un problema. Rodeala.
Compré una lapicera a $ 9, un repuesto de hojas a $ 19 y una goma a $ 2.
¿Cuánto gasté en total?

SUMAR RESTAR

Sé buscar la mitad de algunos números. Contá y completá.

La mitad de _____ **es** _____.

Sé resolver problemas con multiplicaciones. Completá.
Mamá compró 9 *packs* como éste.
¿Cuántos yogures compró?

___ ◯ ___ = ___

Sé leer el calendario. Respondé.

¿Cuántos días tiene una semana ? _______________

¿En qué día de la semana termina este mes? _______________

¿En qué mes cumplís los años? _______________

¡Cuánto guardé!

Lo que más sé ....

Me costó un poquito ....

Lengua

Para contar cómo es

¿Te animás a contar cómo es el fondo del mar? Mirá con mucha atención el dibujo e imaginá:

- **¿Quién es el buzo? ¿Cómo es?**
- **¿El agua está tranquila o revuelta?**
- **¿Cómo son los animales?**
- **¿Cómo son las plantas?**

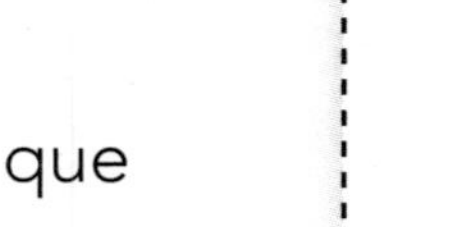

Escribí en tu cuaderno algunas de las cosas que observaste y otras que hayas imaginado.

Matemática

Reviso problemas

Leé y revisá si lo que dicen los chicos está bien. Hacé las cuentas y corregí con **bien** o con **mal**.

Tenemos 217 figuritas, pero 95 están repetidas.
Entonces hay 182 que no están repetidas.

Cuenta

Ya leímos 63 páginas del libro. Para terminarlo, faltan 48 más.
Este libro tiene 111 páginas.

Cuenta

¿Qué animal es?

1. Tiene 8 patas. Teje su tela para atrapar a sus presas.
2. Tiene alas pero no vuela. Vive en lugares muy fríos y sus plumas son blancas y negras.
3. Vive en la tierra y se traslada reptando.
4. Tiene 6 patas y vuela. Es colorida, es un insecto.
5. Tiene aletas. Es muy grande y, aunque es un mamífero, vive en el mar.
6. Tiene 4 patas. Lo llaman "el rey de la selva".

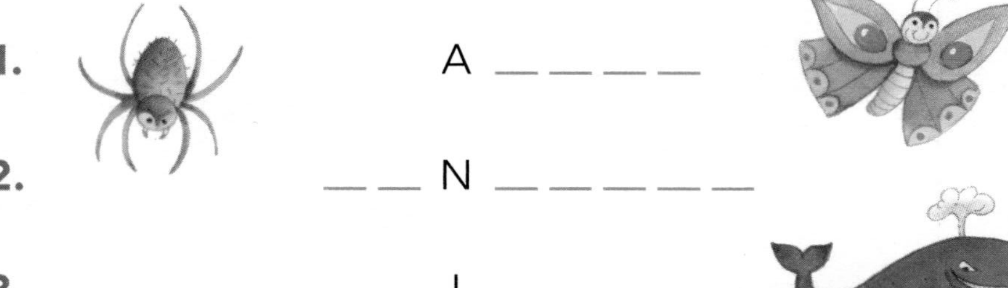

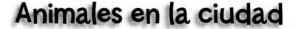

1. A _ _ _ _
2. _ _ N _ _ _ _ _
3. _ _ _ _ _ I _
4. M _ _ _ _ _ _ _
5. _ A _ _ _ _ _
6. L _ _ _

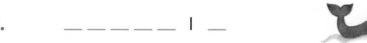

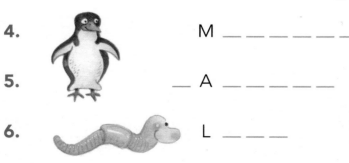

Animales en la ciudad

Escribí qué hace cada dueño con su mascota para convivir en la ciudad.

____

____

____

____

____

____

¿Por qué debemos tener estos cuidados con nuestras mascotas?

____

____

____

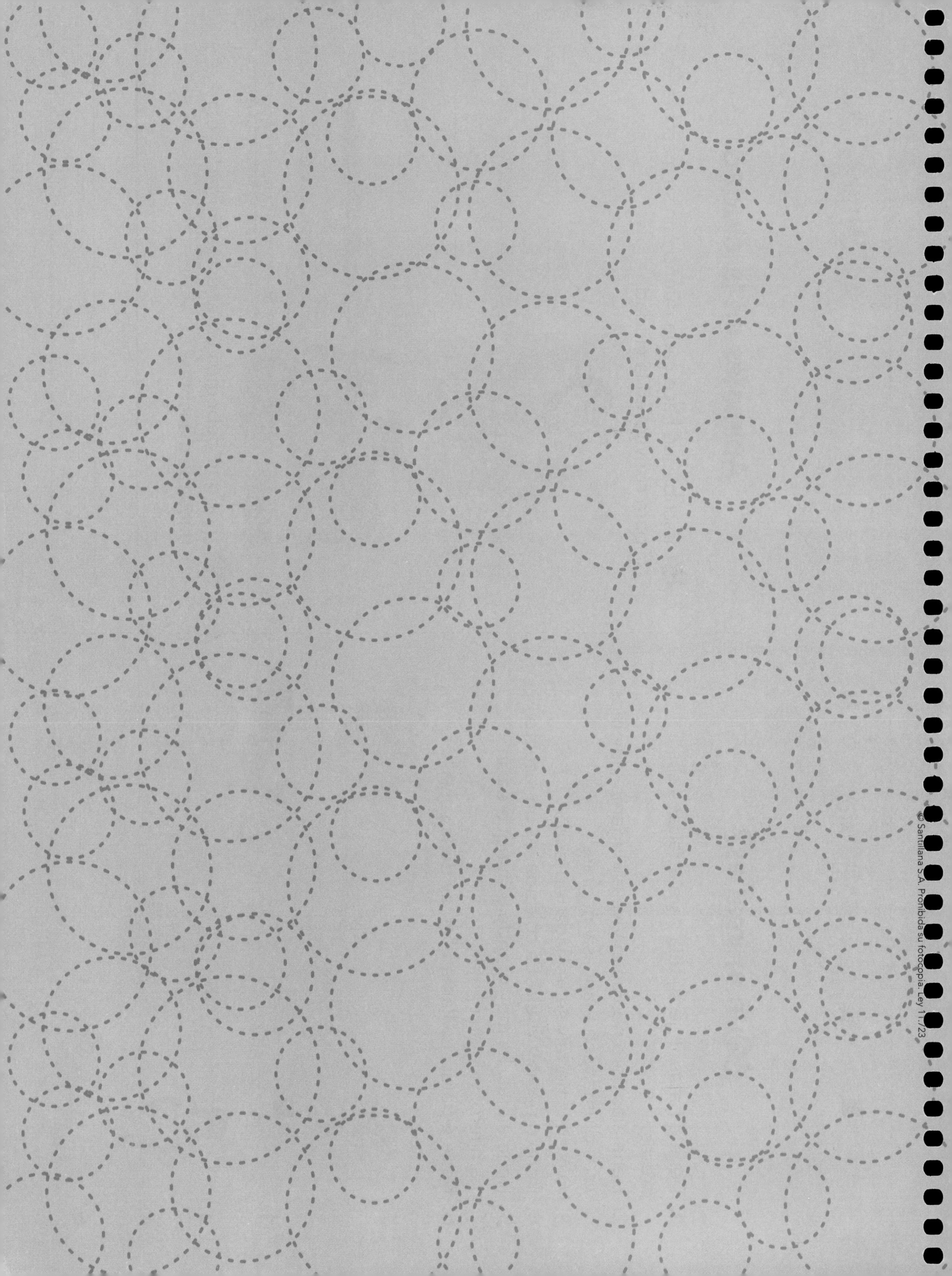

6 Para todos los gustos

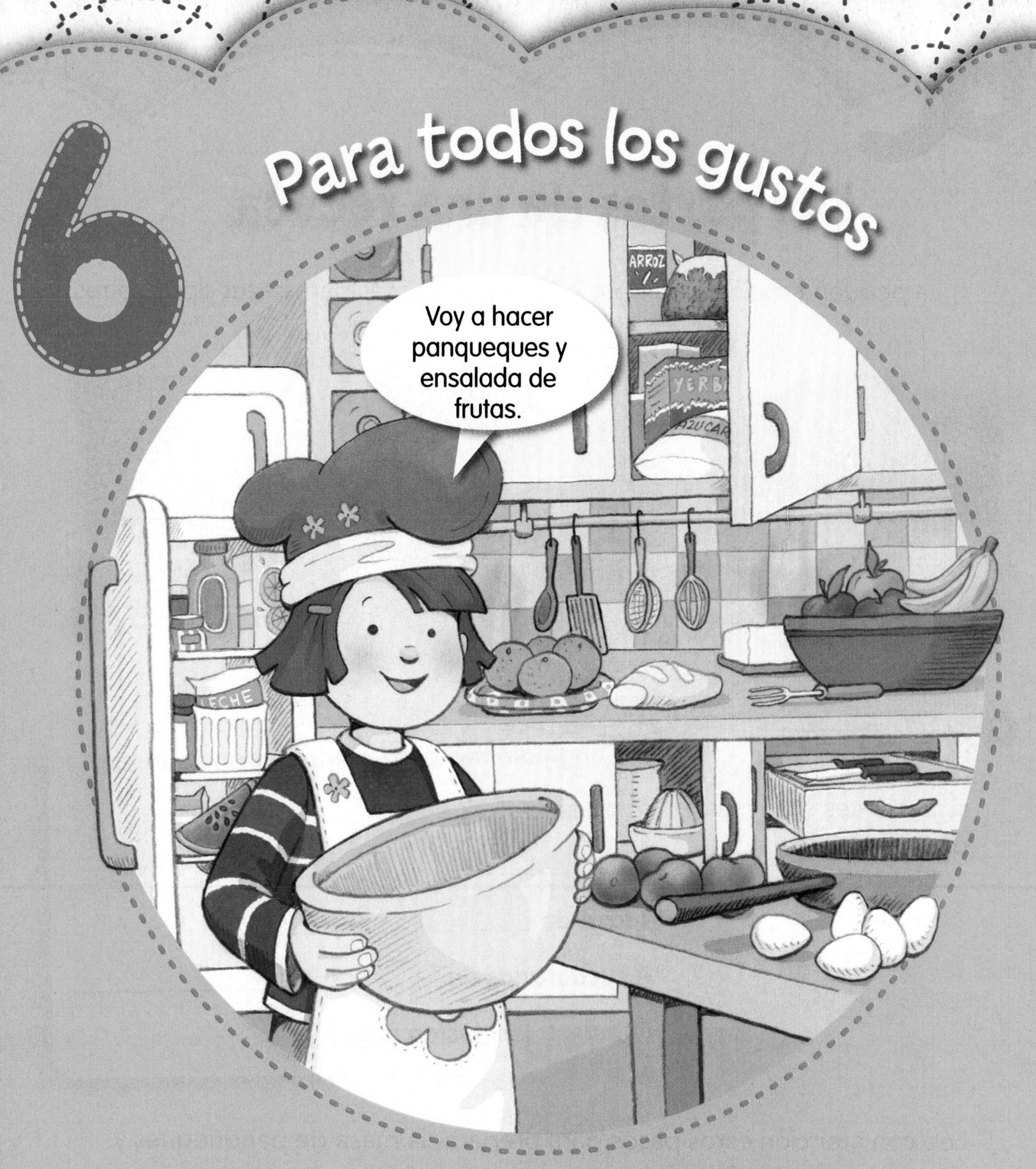
Voy a hacer panqueques y ensalada de frutas.
ARROZ
YERBA
AZÚCAR
LECHE

- Buscá en el dibujo todo lo que la nena necesita para cocinar: un exprimidor, bananas, naranjas, manzanas, duraznos, leche, azúcar, una cuchara, una sartén y huevos.
- Digan cómo se prepara la ensalada de frutas y escriban la receta en el cuaderno.

Las partes de una receta

La pequeña cocinera compró estos ingredientes para hacer dos postres.

Mirá las fotos y completá la lista de ingredientes de la masa de panqueques.

Ingredientes para preparar panqueques

2 tazas de harina

2 ______________________

1 taza de ______________________

4 cucharadas de ______________________

(o más, si les gustan dulces).

Leé con atención estos pasos para preparar la masa de panqueques y numeralos del 1 al 3.

◯ Mezclar bien e incorporar leche hasta lograr una crema espesa.

◯ Por último, añadir el azúcar a gusto y batir.

◯ Poner en un recipiente 2 tazas de harina y agregar 2 huevos.

La familia de una palabra

¡Las palabras también tienen familia!

¿A qué familia pertenecen estas palabras? Escribilas en cada arbolito.

¿Por qué creés que esas palabras son de la misma familia? Explicalo en tu cuaderno.

Leé las referencias, descubrí las palabras y completá el texto.

1. Postre frío. Lo sirven en vasitos y en cucuruchos.

2. Comercio donde venden helados.

3. Helado chiquito.

4. Señor que vende helados.

Mamá nos compró un **1** ____________. *Lo comimos en las mesitas que hay en la* **2** ____________.

Mi hermana no quiso uno grande. Tomó un **3** ____________.

El **4** ____________ *nos dio uno de regalo.*

El triple

Lili y sus amigas están preparando licuado de frutas.

Licuado "Tutti frutti"
Receta para un vaso

1 manzana
2 naranjas
3 frutillas
2 cucharaditas de azúcar
1 chorrito de leche

Para hacer **3** licuados necesitamos el **triple** de cada uno de los ingredientes.
LECHE

Calculá cuántas manzanas se necesitan para 3 licuados y completá.

Para 1 vaso

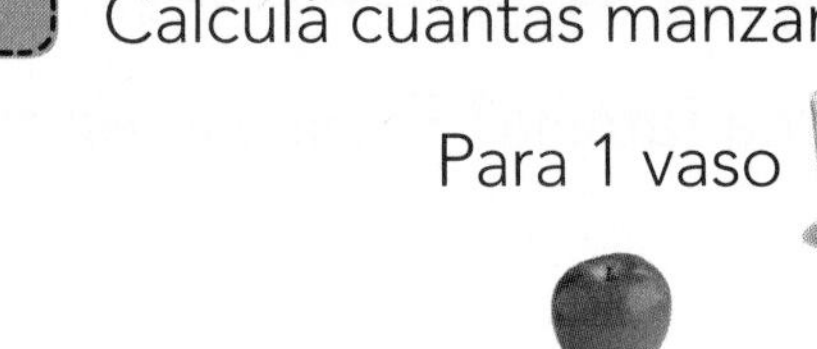

1

El triple de 1 es ____ .

Para el **triple**

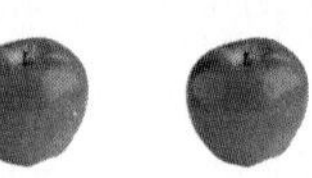

1 + 1 + 1 = 3 **veces** 1

____ × ____ = **3**

Dibujá en cada recuadro el triple de las frutas que hay en la canasta. Después completá.

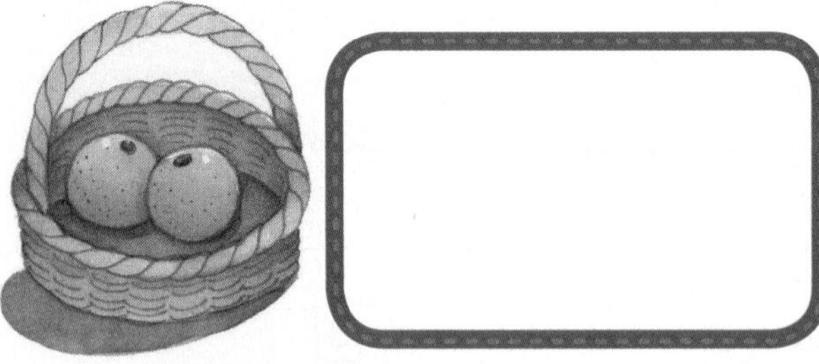

3 veces 2 = 3 × ____ = ____

El triple de 2 es ____ .

3 veces 3 = 3 × ____ = ____

El triple de 3 es ____ .

Plantas que se comen

La mayoría de las plantas tienen tres partes muy importantes: la raíz, el tallo y las hojas. Algunas plantas también tienen flores, frutos y semillas.

Muchas plantas son comestibles. De las plantas comestibles, usamos algunas partes. Nosotros comemos, por ejemplo:

Las hojas del repollo.

El fruto del naranjo.

El tallo del espárrago.

La raíz de la remolacha.

Escribí debajo de cada planta cuál es su parte comestible: la raíz, el fruto o las hojas.

Frutilla

Zanahoria

Lechuga

El verano que estuvimos en peligro

Al día siguiente de instalarnos debajo del almácigo de lechuga, los dos millones de hormigas celebramos con una gran fiesta. No era para menos: eran las hojas verdes más tiernas y ricas que jamás hubiéramos probado.

Sin embargo, apenas empezó la fiesta sucedió la catástrofe. El dueño de la quinta, el señor Archimboldo, roció la plantación con un terrible líquido hormiguicida.

–¡El Hormigón Armando debe encontrar una solución! –escuché que gritaban las hormigas, aterradas. El Hormigón Armando soy yo.

Decidí que un buen lugar para escondernos era a la sombra de las plantas de tomates. Había abundante comida y tierra blanda para hacer el hormiguero hasta lo más profundo. Pero nuestra felicidad duró poco. Al otro día Archimboldo volvió a atacarnos con su líquido letal. Un millón de hormigas decidió abandonarnos.

El siguiente hormiguero lo hice construir bajo las plantitas de frutillas que comenzaban a madurar. El millón de hormigas que quedaba no podía parar de probar ese manjar. Pero Archimboldo atacó al anochecer y para nosotras fue terrible.

La mudanza se hizo de noche, a una planta de riquísimas ciruelas. Ahora éramos apenas cien mil, y ya de madrugada Archimboldo volvió a atacarnos.

Así fuimos pasando a las plantas de zapallo, de sandía, de manzana, de papas... Cada vez los ataques de Archimboldo eran más rápidos y mortales. Cada vez, más hormigas nos abandonaban...

Finalmente, un día las doce hormigas que quedábamos nos encontramos en el patio de la casa, desesperadas, sin saber qué hacer. Un hormiguito muy joven señaló entonces una enorme maceta y dijo: "Y si...".

Fue una gran idea.

Desde aquel día vivimos en una gran maceta donde hay una planta de plástico y por las noches salimos a procurarnos alimento. Nuestro hormiguero fue creciendo y ya llegamos otra vez al millón de habitantes. A veces me tiro a tomar sol sobre la hoja más alta de la planta de plástico y con una sonrisa observo a Archimboldo que camina a un lado y a otro nervioso, sin saber qué hacer. Y bueno, una batalla más en la eterna lucha del hombre contra las hormigas.

Ricardo Mariño

Comprendo LA LECTURA

Levanten la mano y comenten por qué se combate a las hormigas.

¿En qué orden ocurrieron estas mudanzas? Numerá del 1 al 9 el recorrido que tuvieron que hacer las hormigas desde la plantita de lechuga.

Todo por 3

Ariel recibe el pedido que encargó en la verdulería.

Leé la lista de las frutas y verduras que pidió, buscalas y marcalas en el dibujo.

3 atados de zanahorias;
3 atados de remolachas;
3 bolsitas de limones;
3 ristras de ajos;
3 bolsas de naranjas.

- Calculá cuántas hay de cada una.

3  4 + 4 + 4 = ____ 3 × ___ = ____

3  5 + 5 + 5 = ____ 3 × ___ = ____

3 6 + 6 + 6 = ____ 3 × ___ = ____

3  7 + 7 + 7 = ____ 3 × ___ = ____

3  8 + 8 + 8 = ____ 3 × ___ = ____

Completá la tabla.

×	1	2	3	4	5	6	7	8	9	10
3									27	

Clara y Cristina

Leé cada palabra y palmeá pronunciando las sílabas. Después escribilas en las casillas correspondientes.

Cráter | **Clarinete** | **Crocante**

Pintá con **rojo** las palabras que tienen **cl** y con **verde**, las que tienen **cr**. Después, usá las palabras del mismo color y otras que necesites, para escribir oraciones.

Clara	crea	Cristina	clavos
clavan	Clemente	crucigramas	recreo

Anotá en tu cuaderno las familias de palabras de **claro** y de **crema**. Después, escribí oraciones con ellas.

cl cl

cr cr

Las cuentas de multiplicar

Nico compró 3 kg de helado. Para saber cuánto tenía que pagar hizo esta cuenta. Leé y completá.

Primero multiplico las unidades y después las decenas.

$$\begin{array}{r} 12 \\ \times\ 3 \\ \hline 36 \end{array}$$

R: Nico pagó por los 3 kg de helado $______.

Resolvé las multiplicaciones como lo hizo Nico.

$$\begin{array}{r} 11 \\ \times\ 3 \\ \hline \_\_\_\_ \end{array}$$

$$\begin{array}{r} 23 \\ \times\ 2 \\ \hline \_\_\_\_ \end{array}$$

$$\begin{array}{r} \_\ \_ \\ \times\ 2 \\ \hline \_\_\_\_ \end{array}$$

$$\begin{array}{r} \_\ \_ \\ \times\ 3 \\ \hline \_\_\_\_ \end{array}$$

Adivinanzas con tr

Leé y escribí las respuestas de estas adivinanzas. Una pista: todas empiezan con **tr**.

Por el campo voy despacio,
si me apuran no respondo.
Traca, traca con mis ruedas
voy arando cuanto quieras.

El ______________________ .

Sirvo para hacer piruetas
en las alturas, colgado.
Todos me aplauden con ganas
en el circo de mi barrio.

El ______________________ .

Estas palabras están encadenadas. Miralas, encontrá todas las que puedas y escribilas abajo.

T R O T E T R O M P O T R O N O
R . . . T
E . . . R
S . . . U
T . . . E
R . . . N
E . . . O
N U T R I A T R I N O O T R A S

____________ ____________ ____________

____________ ____________ ____________

____________ ____________ ____________

tr tr

El reloj

Recortá el reloj de la página 141 y armalo. Usalo para estas actividades.

Dibujá las agujas y completá como en el ejemplo.

Las dos. 2 : 00

Las ocho y ________ __ : 30

Indicá a qué hora comienza y termina cada actividad, dibujando las agujas en cada reloj.

Final del campeonato
Horario
De 10 : 00
a 11 : 15.

Te invito a mi cumple desde las 17 : 30 hasta las 20 : 00.

¿El cumpleaños es a la mañana o a la tarde? ________________________.

Para decir uno, para decir más

Escribí los nombres de estos frutos, según corresponde.

Uno	**Más de uno**

El ______________________.	Los ______________________.
La ______________________.	 Las ______________________.

Ahora, completá los globos de los chicos con dos de esas palabras.

¡Ayer comí una ______________________ tan rica que me encantó!

A mí me gustan los ______________________ de la quinta de mi tía. Son muy jugosos.

En tu cuaderno, escribí y dibujá otro diálogo que tenga las dos palabras que no hayas usado en la actividad anterior.

Raíces, hojas, frutos...

¿Cuáles de estas plantas sirven para hacer una ensalada de hojas? Escribilo.

____

Elegí tres de esas plantas para hacer una ensalada con raíces, hojas y frutos.

____

Algunas plantas, como el tomate, deben lavarse antes de comerlas. Otras, como la papa, deben cocinarse. También hay plantas que deben ser procesadas para hacerlas comestibles; por ejemplo, las semillas de trigo se procesan para convertirlas en harina, con la que luego se puede elaborar pan, fideos, entre otros productos.

Completá este cuadro con nombres de plantas comestibles y marcá con una **X** en la columna que corresponde; te damos un ejemplo.

Nombre de la planta	Hay que lavarla	Hay que cocinarla	Hay que procesarla
lechuga	X		

Problemas dulces

La mamá de Leo volvió de hacer las compras.

Uní como en el ejemplo con qué dinero pagó cada compra y cuánto dinero le devolvieron.

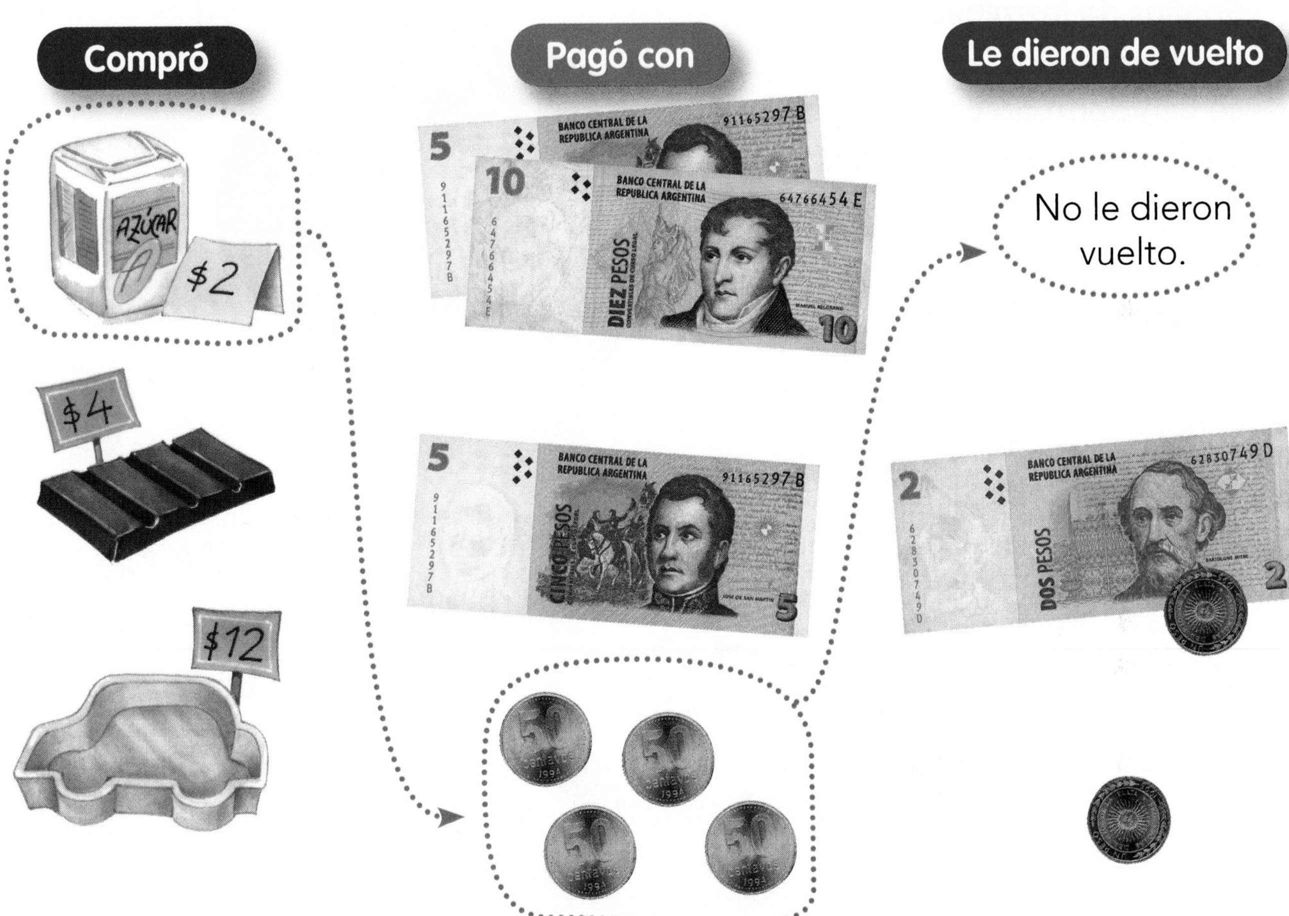

Resolvé en tu cuaderno. Luego, escribí la respuesta en el recuadro.

Susi preparó 2 tortas y las decoró con 54 confites, 36 palitos de chocolate y 15 merengues. ¿Cuántos dulces usó para decorarlas?

La caja de velitas trae 80. Susi usó 36. ¿Cuántas velitas le sobraron?

Antes DE LEER

- ¿Alguna vez aprendiste una poesía para recitar? ¿Cuál?
- ¿Cuáles son tus poesías favoritas: las románticas, las disparatadas, las graciosas...? ¿Por qué?

Sueños de jazmines

Los hermanitos jazmines
se han dormido en la maceta;
vuelan sueños perfumados
de sus blancas camisetas.

Mamá Jazmina,
Papá Jazmín,
con sus pimpollos
duermen al fin.
La luna ilumina –entera–
la familia jazminera.

©Elsa Bornemann. *Sol de noche.* Alfaguara, 2000.

Locura de barrio

Yo vivo en un barrio raro,
donde el perejil es caro,
el tomate tiene espinas,
¡y bailan las mandarinas!

María Brandán Aráoz

- Leé y recitá las poesías.
- Jugá a cambiar **Sueños de jazmines**. ¿Cómo sería el poema si el título fuera **Sueño de rosas rojas**? Acordate de que el poema tiene que sonar bien... Para eso, probá cantarlo.
- ¿Qué otras cosas disparatadas podrían pasar en el barrio del segundo poema? Inventá una nueva estrofa y escribila en tu cuaderno.

Sé qué puedo leer en una receta. Marcalo con un **X**.

Los ingredientes **La historia de una comida** **El precio de la comida**

El precio de cada ingrediente **Las indicaciones para preparar comidas**

Sé reconocer los momentos de un cuento. Enumerá los distintos lugares a los que se mudaron las hormigas.

Al principio vivían en ______________________. Después, ____________________

____.

Al final se quedaron viviendo en ____.

Sé escribir familias de palabras. Rodeá con el mismo color las palabras que pertenecen a la misma familia.

pato **patria** **patito** **pata** **patriota**

Sé completar con cr, cl, tr y dr. Completá.

_ _ **omedario** _ _ **istal** _ _ **ici**_ _ **o**

Sé cuándo un sustantivo nombra muchas cosas y cuándo nombra una. Completá.

El peral. **Los** ____________________.

La ____________________. **Las sandías.**

Sé que 3 veces el mismo número es el triple de ese número. Dibujá el triple de duraznos en la canasta vacía.

Sé resolver cuentas de multiplicar. Resolvé.

$$\begin{array}{r} 123 \\ \times\ 3 \\ \hline \end{array} \qquad \begin{array}{r} 32 \\ \times\ 3 \\ \hline \end{array} \qquad \begin{array}{r} 134 \\ \times\ 2 \\ \hline \end{array}$$

Sé resolver problemas usando el dinero. Contestá.

Compré unos 

y una 

. Pagué con 

.

¿Cuánto me dieron de vuelto? ____________

Sé qué hora es en los relojes. Completalos.

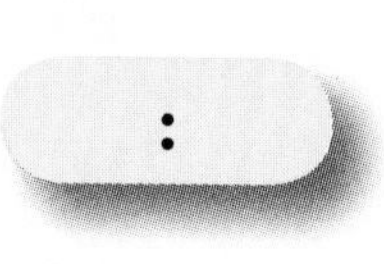

14 : 30

¡Cuánto guardé!

🙂 **Lo que más sé** ....

🙁 **Me costó un poquito** ....

Recortables PARA USAR EN LAS ACTIVIDADES DE LA PÁGINA 134.

Recortá el reloj y las agujas. Después uní las partes con un ganchito de dos patitas.

Naturales

Sopa de verduras

Encontrá en esta rica sopa dos raíces, tres hojas y dos frutos.

M	R	L	A	N	B	A	C	E	L	G	A	D
P	E	L	P	R	E	D	O	U	Ñ	P	H	J
A	P	X	O	E	R	O	R	R	E	R	M	K
R	O	I	P	A	E	M	E	L	G	A	E	F
E	L	P	R	O	N	C	J	O	L	N	L	T
N	L	D	F	M	J	C	V	N	M	C	D	O
D	O	W	E	I	E	S	P	I	N	A	C	A
E	C	V	A	F	N	S	P	T	B	S	A	F
D	X	P	L	Z	A	N	A	H	O	R	I	A
O	C	V	P	L	U	M	A	R	I	R	G	M
R	F	R	E	M	O	L	A	C	H	A	W	L
Z	A	P	A	L	L	I	T	O	R	I	R	V

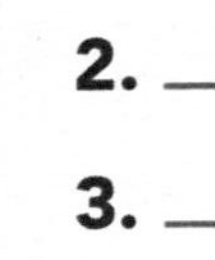
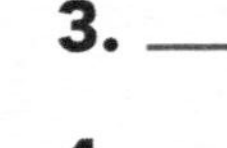
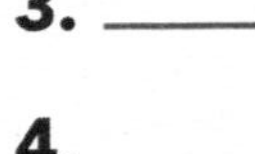

Valores

Cuidemos nuestro ambiente

Encontrá 4 grandes diferencias en el cuidado de este ambiente y escribí la acción correcta.

1. ______________________________

2. ______________________________

3. ______________________________

4. ______________________________

7 Trabajar en el teatro

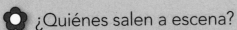

¿Qué trabajo hace cada uno de estos personajes para la función del teatro?

¿Quiénes salen a escena?

¿Alguna vez trabajaste para una función de teatro? ¿Qué trabajo hiciste?

Las obras del cocinero

MOZO: –Buenas noches, señor, ¿qué desea servirse?
CLIENTE: –No deseo servirme nada.
MOZO: –Ah, bueno, disculpe, pero entonces...
CLIENTE: –Entonces ¡deseo que usted me sirva algo! ¿Si no, para qué se cree que vengo a un restorán?
MOZO: –Sí, sí, cómo no, sírvase. *(Le entrega el menú.)*
CLIENTE: –A ver... no sé... hay tantos platos... ¿Qué me sugiere?
MOZO: –Seguramente cualquiera de las obras de nuestro cocinero lo va a satisfacer.
CLIENTE: –¿Las sobras del cocinero? ¿Por quién me toma?
MOZO: –Disculpe, señor, dije "las obras".
CLIENTE: –Sí, eso mismo escuché, ¡las sobras!
MOZO: –No, señor. Le está sobrando una "s".
CLIENTE: –¿Qué está diciendo? A mí no me sobra nada y menos que menos me va a sobrar usted.
MOZO: –Sí, como usted diga. Bueno, le puedo sugerir lasaña.

CLIENTE: –¿Está loco? ¿La hazaña? ¡Yo no quiero hacer ninguna hazaña! Solamente quiero comer. ¿Entiende?
MOZO: –Sí, sí. ¿Tal vez le gustaría un besugo a la vasca?
CLIENTE: –¿Ves, Hugo, a la vasca? ¿Eso dijo? ¿Qué le pasa? ¿Desde cuándo me tutea? ¿Y cómo sabe que me llamo Hugo? ¡Y además, no quiero ver ninguna vasca! Quiero que me traiga algo para comer, ¿es sordo acaso?
MOZO: –Sí, sí, enseguida. Quizá le gustaría probar... ¿empanada?
CLIENTE: –¿En pan, nada? ¿Cómo voy a comer en pan, nada? ¡Tráigame aunque sea un pedazo de pan con manteca!

MOZO: –Sí, sí, ya mismo. *(Le sirve. El cliente lo prueba.)* ¿Qué tal? ¿Le agrada? Es pan casero...
CLIENTE: –¡Es pan... toso! ¡Es horrible! Mire, tráigame algo que valga la pena.
MOZO: –¿Quiere un bife?
CLIENTE: –¡Lo único que faltaba! ¡Me amenza con golpearme! ¡Habrase visto, qué insolencia! Tráigame algo para comer, que estoy muerto de hambre. Y acabemos de una vez...
MOZO: –*(Le muestra el reloj.)* Acá vemos que ya son las once, lo siento, pero ya está cerrado.
CLIENTE: –¿Cómo me dice "estás errado"? ¡No me tutee!
MOZO: –Señor, lo siento, el restorán está cerrado.
CLIENTE: –*(Se pone de pie indignado y sale gritando.)* ¡Errado estarás vos! ¡Mal educado! ¡Insolente! ¡Ya no se puede ir a un restorán!
(Telón.)

Adela Basch. En: *Acá hay teatro para rato.* Buenos Aires, Libros del Quirquincho, 1996.

Comprendo LA LECTURA

Pensá y contestá en tu cuaderno.

- ¿Qué información tienen las palabras entre paréntesis?
- ¿Por qué se enoja el cliente?

Hacé gestos para expresar estas emociones. Pintá las que aparecen en la obra de teatro.

enojo **fastidio** **burla** **alegría**

En grupitos, repartan los papeles y dramaticen distintas partes de la obra.

Números en el trabajo

Uní a cada trabajador con el número que menciona.

Son cuatrocientos treinta pesos.
Llevamos cuatrocientos sesenta pasajeros.
460
500
Hay quinientos espectadores en la platea.
820
Transporto ochocientas veinte cajas de alimentos.
430

Completá la tabla con los números que se indican. Respetá los colores.

- → Todos los números de la actividad anterior.
- → Los números de la fila del seiscientos.
- → Los que en la cifra de las decenas tienen un 7.
- → El último número de la tabla.
- → Los números que faltan.

400	410	420		440	450			480	490
	510		530	540		560			590
600		620					670		
	710	720			750				790
800			830			860		880	
	910			940	950			980	

Teatro en el diario

 Leé.

El estreno de un viejo conocido

► **Anoche, la avenida Corrientes se vistió de gala para recibir el estreno de "Pinocho".**

Luego de 10 meses de mucho trabajo, en la calle Corrientes se estrenó el nuevo musical del director Teodoro T. Atro. Más de 50 personas en escena vuelven a contar la tradicional historia de Carlo Collodi en una escenografía inolvidable.
La sala llena aplaudió de pie el trabajo del elenco, que deslumbró.
La obra seguirá en cartel por este mes, para luego comenzar una gira por el interior del país. Estamos seguros de su éxito.

Esta noticia informa sobre distintos datos. Pintalos.

- Nombre de la obra.
- Tiempo que durará en escena.
- Ubicación del teatro.
- Nombre del director.
- Nombre del autor.

Escribí en tu cuaderno una noticia que cuente el estreno de **Las obras del cocinero** en tu escuela. Hacelo así:

________________________ → Escribí un título atractivo.

____
____
________________________ } Escribí todos los datos para informar a los lectores.

Repartimos

La maestra reparte la misma cantidad de papeles de colores a cada chico. Rodeá los papeles que recibe cada uno y completá.

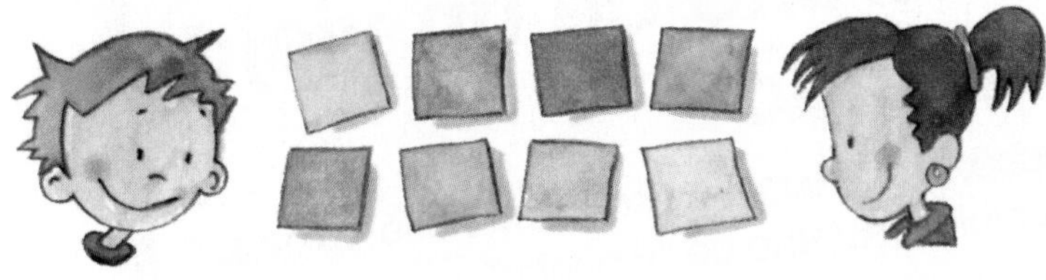

8 papeles entre **2**

Cada uno recibe ____ papeles.

Si repartís 8 papeles entre 2 chicos, estás haciendo una división.

8 dividido 2 es igual a ____

8 : 2 = ____

El profesor de Educación Física reparte 6 pelotas entre 3 equipos. Cada equipo recibe la misma cantidad de pelotas.

Rodeá y pintá con distintos colores las pelotas que recibió cada equipo y completá.

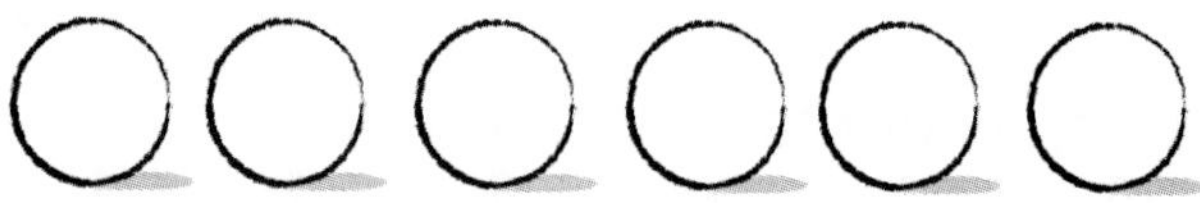

6 dividido 3 es igual a ____

6 : 3 = ____

La profesora de Música divide el coro en dos grupos con la misma cantidad de chicos cada uno.

Rodeá cada grupo y completá.

10 dividido 2 es igual a ____

10 : 2 = ____

Trabajos y más trabajos

Para conseguir sus alimentos, los hombres y las mujeres siempre realizaron distintos trabajos. Entre otras cosas, desde hace mucho, mucho tiempo, cultivaron la tierra y cosecharon los frutos de las plantas que sembraban.

Mirá cómo cambiaron esas tareas a través del tiempo.

Algunos grupos aborígenes de nuestro país primero limpiaban el terreno. Después hacían agujeros en la tierra con un palo cavador y allí arrojaban las semillas. Así se trabaja todavía en algunos lugares de la selva.

En tiempos de tus bisabuelos, los campesinos removían la tierra usando arados como éste. Los empujaban con las manos o usaban animales que tiraban de ellos. En algunos lugares todavía se usan.

En la actualidad, se emplean modernas maquinarias agrícolas que agilizan las tareas del campo y permiten cosechas más abundantes.

Ordená, poniendo antes lo que se usaba primero.

maquinaria agrícola	**1.** ______________________
palo cavador	**2.** ______________________
arado manual	**3.** ______________________

Trabajos con ca, co y cu

¿Conocés los trabajos de estas personas? Escribí sus nombres: uno empieza con **ca**, otro con **co** y otro con **cu**.

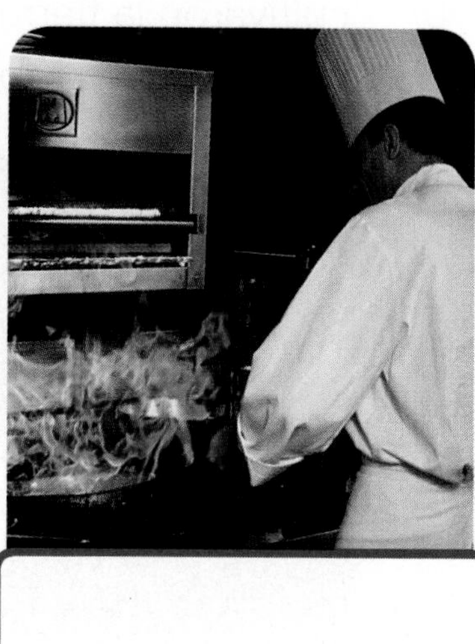

Ahora, uní con flechas los nombres de los trabajadores con la actividad que hacen y escribí oraciones en tu cuaderno.

cartero	**Lleva personas lastimadas en una camilla.**
camillero	**Trae la correspondencia.**
cultivador	**Nos deleita con sus historias.**
cuentista	**Cultiva la tierra o cultiva un gusto.**

Completá qué hacen.

El carnicero ______________________________.

El corredor ______________________________.

ca co cu *ca co cu*

¡Qué trabajo dan estas multiplicaciones!

Morena hace su tarea.

Mirá cómo aprendió a resolver esta cuenta.

Primero multiplico las unidades: 2×7 es **14**, escribo el **4** y "llevo" el **1** a la columna de las decenas. Después multiplico 2×2 y sumo el **1**.

$$\begin{array}{r} ^{1}\\ 2\ 7 \\ \times\ \ 2 \\ \hline 5\ 4 \end{array}$$

Resolvé estas cuentas como lo hace Morena.

$$\begin{array}{r} 1\ 3\ 8 \\ \times\ \ 2 \\ \hline \end{array} \qquad \begin{array}{r} 3\ 6 \\ \times\ \ 3 \\ \hline \end{array} \qquad \begin{array}{r} 2\ 1\ 8 \\ \times\ \ 3 \\ \hline \end{array}$$

Mirá los dibujos y hacé una cuenta para averiguar cuántos útiles hay en cada recuadro.

Cuenta

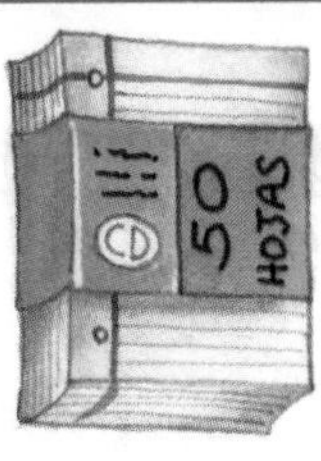

50 HOJAS

Cuenta

¿Quién es? ¿Cómo es?

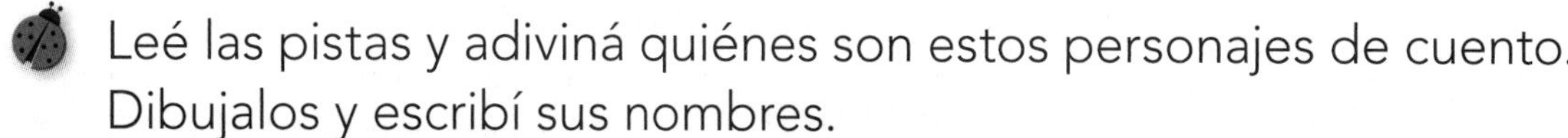

Leé las pistas y adiviná quiénes son estos personajes de cuento. Dibujalos y escribí sus nombres.

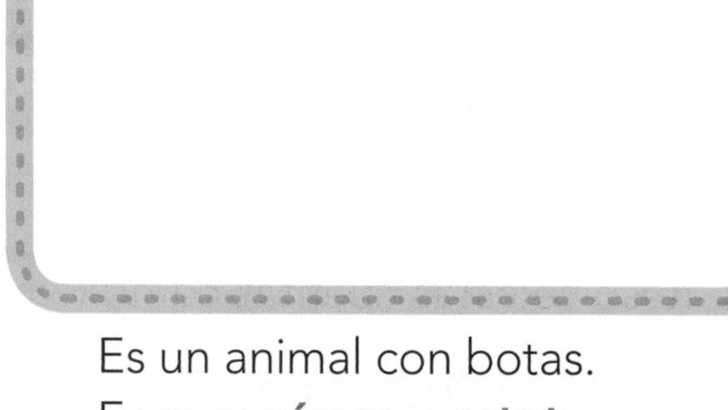

Es una jovencita.
Es **trabajadora**.
Es **atenta** con sus hermanastras.

Es un animal con botas.
Es muy **pícaro** y **astuto**.
Es **fiel** al hijo del molinero.

La llave del baúl

Las palabras pintadas de rojo nos dicen cómo es alguien o algo y se llaman **adjetivos**.

 ¿Cómo son? Escribí un adjetivo para cada uno.

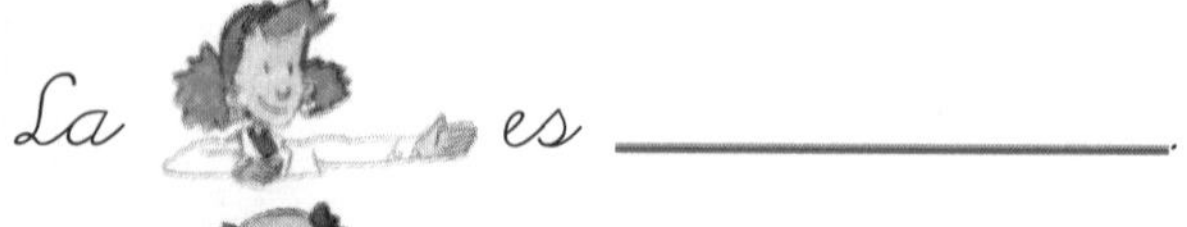
La es ____________.

El es ____________.

El es ____________.

La es ____________.

 **ágil** **estudioso**  **prolijo** **paciente**

 Escribí en tu cuaderno cómo sos. ¡Usá muchos adjetivos!

Gráficos en la escuela

En la escuela trabajan muchas personas. Los chicos averiguaron cuántas personas hacen cada trabajo y prepararon este gráfico con toda la información.

Mirá el gráfico y respondé.

¿Cuántas personas trabajan en la cocina de la escuela? ____________________

¿Cuántos maestros hay? ____________________

¿A cuántas personas encuestaron?

____

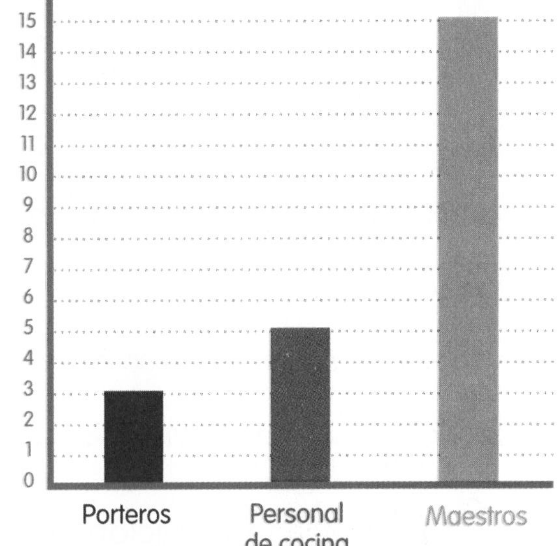

Después les preguntaron a sus compañeros en qué lugar de la casa hacían la tarea.

Completá el cuadro con los datos del gráfico.

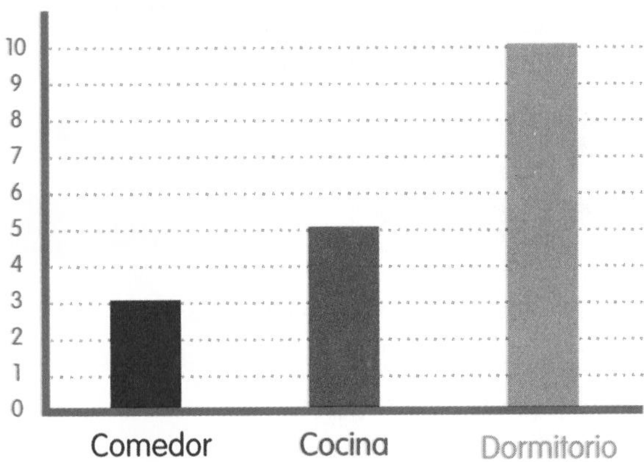

Lugar para hacer la tarea	Cantidad de chicos
Comedor	
Cocina	
Dormitorio	

¿Ce, ci, que o qui?

Sonia escribió lo que hizo el fin de semana, pero como todavía está aprendiendo, tiene dudas con algunas palabras. ¿La ayudás?

Completá las palabras con **ce**, **ci**, **que** y **qui**, según corresponde.

El domingo fui a pasar el día a la ____nta de mi tío. Antes del asado, comimos pan____tos con ____so de campo. Después, salimos a dar una vuelta en bi____cleta. Mi tío es ____clista.

La tía me enseñó a preparar un dul____ deli____oso con las ____ruelas de la ____inta.

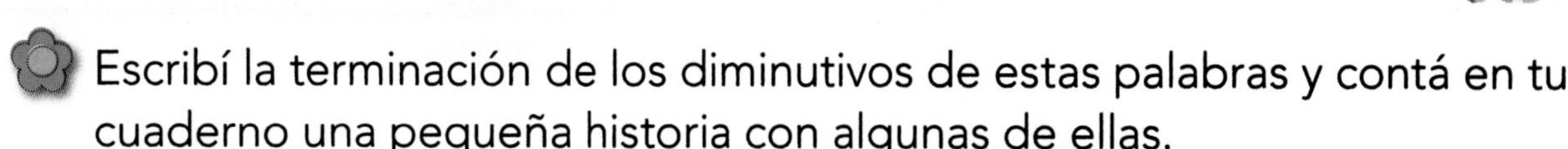

Escribí la terminación de los diminutivos de estas palabras y contá en tu cuaderno una pequeña historia con algunas de ellas.

boca bo_ _ _ _ _ _ muñeco muñe_ _ _ _ _ _

roca ro_ _ _ _ _ _ bote bote_ _ _ _

ce ci ce ci

que qui que qui

Más de un litro, menos de un litro

El tío de Martín trabaja en una embotelladora de gaseosas.

Estos envases contienen distinta cantidad de gaseosa. Ordenalos de menor a mayor, según su capacidad.

Mirá las ilustraciones y escribí en el cuadro el nombre de los recipientes que contienen más de un litro y menos de un litro.

Más de un litro	Menos de un litro

Hacé una lista en tu carpeta con otros recipientes que encuentres en casa que contengan más y menos de un litro.

Trabajamos para el teatro

Entre todos, y con todo lo que sabemos sobre el teatro, podemos trabajar para mostrar **Las obras del cocinero**. Para eso hay que repartir las tareas.

Elijan a los compañeros que se ocuparán de cada tarea y escriban lo que tienen que hacer.

Actores:

Mozo: ______________________.

Cliente: ______________________.

Tareas: ______________________

______________________.

Escenógrafos: ______________________

______________________.

Tareas: conseguir ______________________

____

______________________.

Vestuaristas: ______________________

______________________.

Tareas: conseguir ______________________

____

______________________.

Encargados de hacer conocer la función: ______________________

______________________.

Tareas: escribir ______________________

______________________.

Buscá en la ficha de la página 163 el programa para la obra de teatro y completalo como en el dibujo.

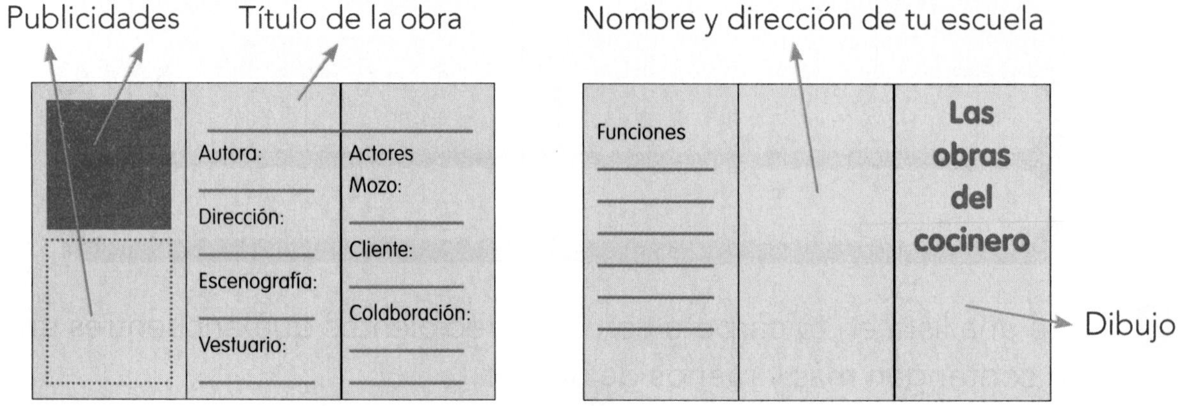

Publicidades

Título de la obra

Autora:

Dirección:

Escenografía:

Vestuario:

Actores

Mozo:

Cliente:

Colaboración:

Nombre y dirección de tu escuela

Funciones

Las obras del cocinero

Dibujo

Trabajos y fábricas

Cuando se inventaron, las máquinas fueron un adelanto muy importante porque permitieron elaborar las mismas cosas que se hacían a mano, pero más rápido y en más cantidad. Entonces, por todas partes surgieron fábricas con máquinas.

 Observá estas imágenes.

Mujeres en un telar industrial en el siglo XIX.

Trabajador en una máquina muy moderna en una fábrica textil actual.

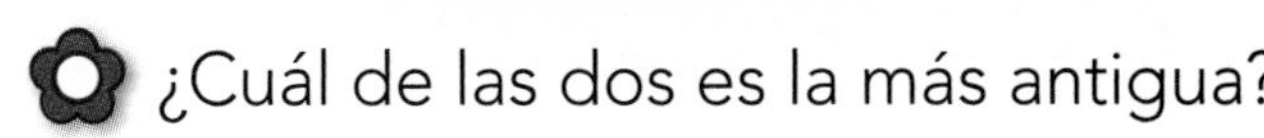

¿Cuál de las dos es la más antigua?

____

 ¿Cómo te diste cuenta?

____

 Completá teniendo en cuenta la actividad anterior.

Antes
- ¿Cómo se hacían los trabajos? ______________________
- ¿Qué producto se fabricaba? ______________________
- ¿Cómo eran las máquinas que se usaban? ______________

Ahora
- ¿Cómo se hacen los trabajos? ______________________
- ¿Qué producto se fabrica? ______________________
- ¿Qué máquinas se usan? ______________________

La historieta: Mafalda

Levanten la mano y comenten: ¿conocen a Mafalda? ¿Quién es?

Leé con atención esta historieta de ese personaje.

HACER PINTAR LIBREMENTE A LOS CHICOS AYUDA A CONOCER A CADA UNO

PORQUE LA PINTURA DESCUBRE LA PERSONALIDAD...

¡YO DIRÍA QUE LA CUBRE!
QUINO

© Quino (Joaquín S. Lavado).

Respondé.

¿Quiénes están conversando? ______________________________

¿Dónde ocurre la historia? ______________________________

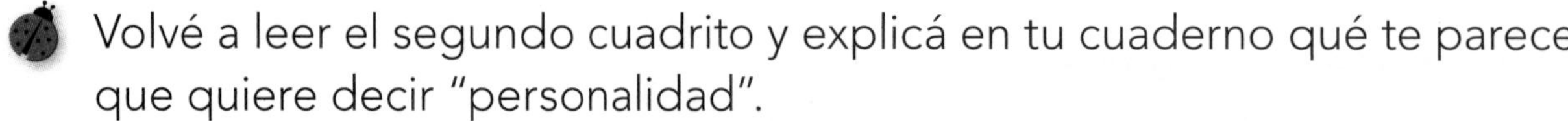

Volvé a leer el segundo cuadrito y explicá en tu cuaderno qué te parece que quiere decir "personalidad".

Inventá un personaje para hacer una historieta. Dibujalo, ponele un nombre y escribí en tu cuaderno cómo es.

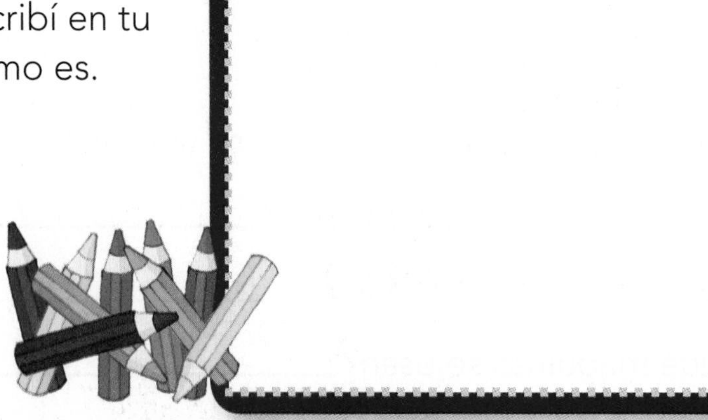

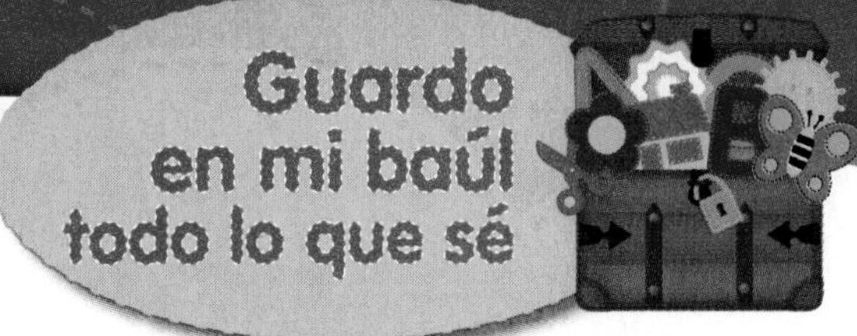

Sé que para interpretar una obra de teatro los gestos son muy importantes. Escribí qué transmiten los gestos de estas personas.

______________________ ______________________

Sé que las palabras que cuentan cómo es una persona, un animal y una cosa son adjetivos. Rodealos.

perro **agradable** **zapato** **maravilloso** **dolorido**

Sé cuándo escribir con ce, con **ci**, con **que** y con **qui**. Completá.

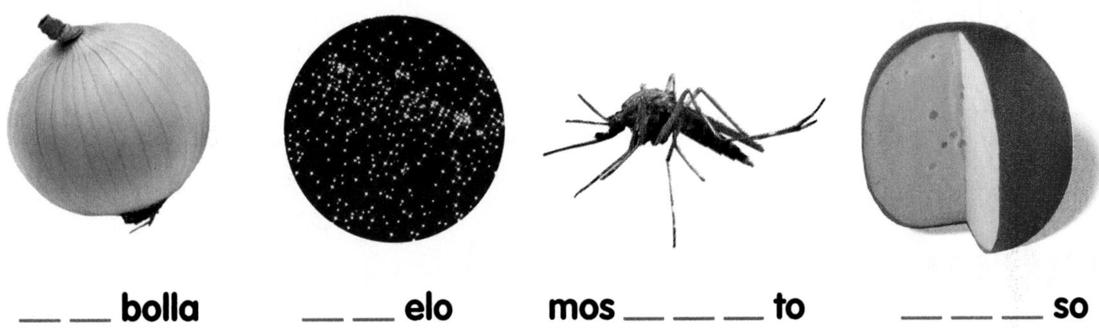

__ __ **bolla** __ __ **elo** **mos** __ __ __ **to** __ __ __ **so**

Sé reconocer personajes de historietas. Contá en tu cuaderno cómo es Mafalda.

Sé los números hasta el 999. Escribí el anterior y el posterior.

_____ **555** _____ _____ **900** _____ _____ **879** _____

Sé repartir en cantidades iguales. Resolvé.

12 : 2 = _____ 15 : 3 = _____

Sé hacer cuentas de multiplicar más complejas. Completá.

127	325	419
× 3	× 3	× 2
____	____	____

Sé leer la información de un gráfico. Leé los datos y completá el gráfico.

En la biblioteca de Anita hay 6 libros de historietas, 5 libros de cuentos y 3 libros de poesías.

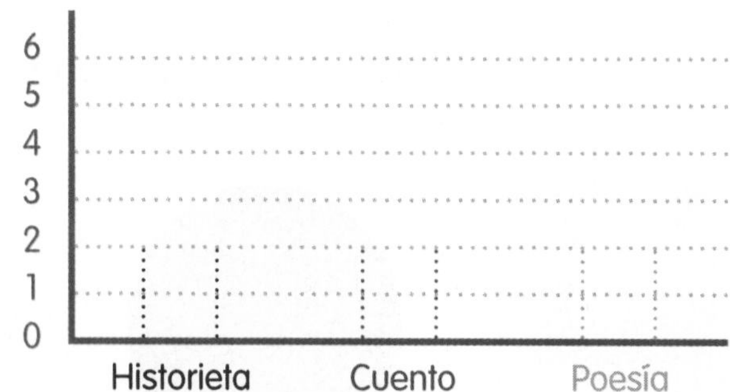

¡Cuánto guardé!

Lo que más sé ....

Me costó un poquito ....

Matemática

Compras y medidas

Juan compró una manguera para lavar el auto.
Marcá con una **X** la longitud que necesita.

5 cm ☐ **5 m** ☐ **500 m** ☐

El papá de Nati compró pintura para pintar el patio de la casa. ¿Cuántos litros compró en total?

R: ______________________.

Lengua

Preparamos un programa

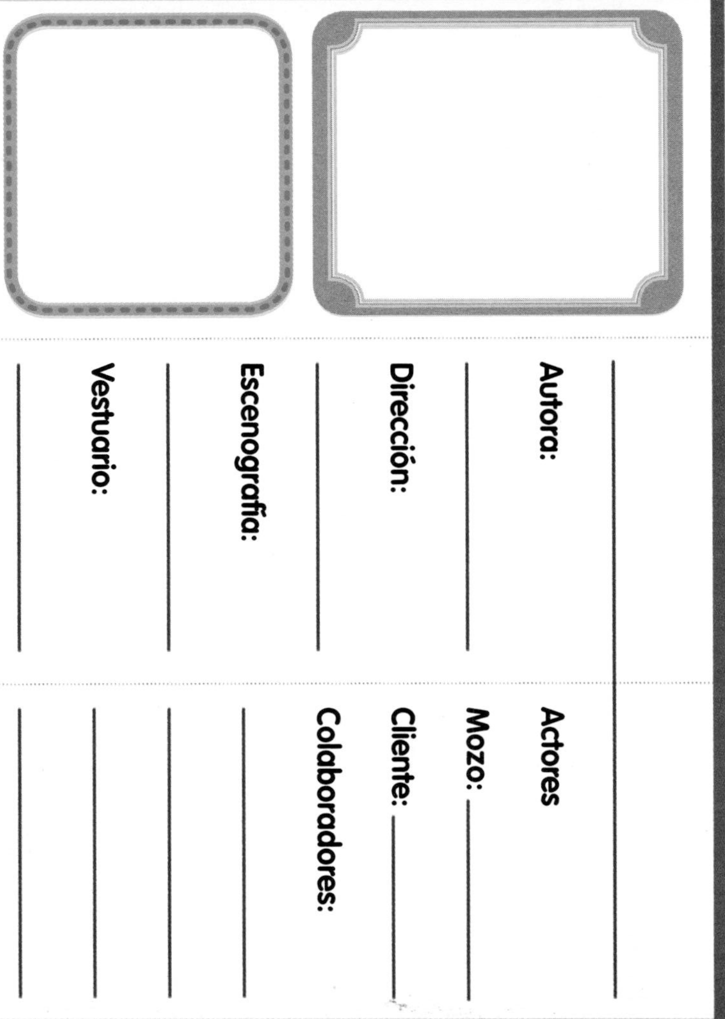

____

Autora: ______________________

Dirección: ______________________

Escenografía: ______________________

Vestuario: ______________________

Actores

Mozo: ______________________

Cliente: ______________________

Colaboradores:

____

____

____

____

Funciones

____

____

____

____

____

____

____

____

Escuela

____

____

____

Dirección

____

____

____

____

Las obras del cocinero

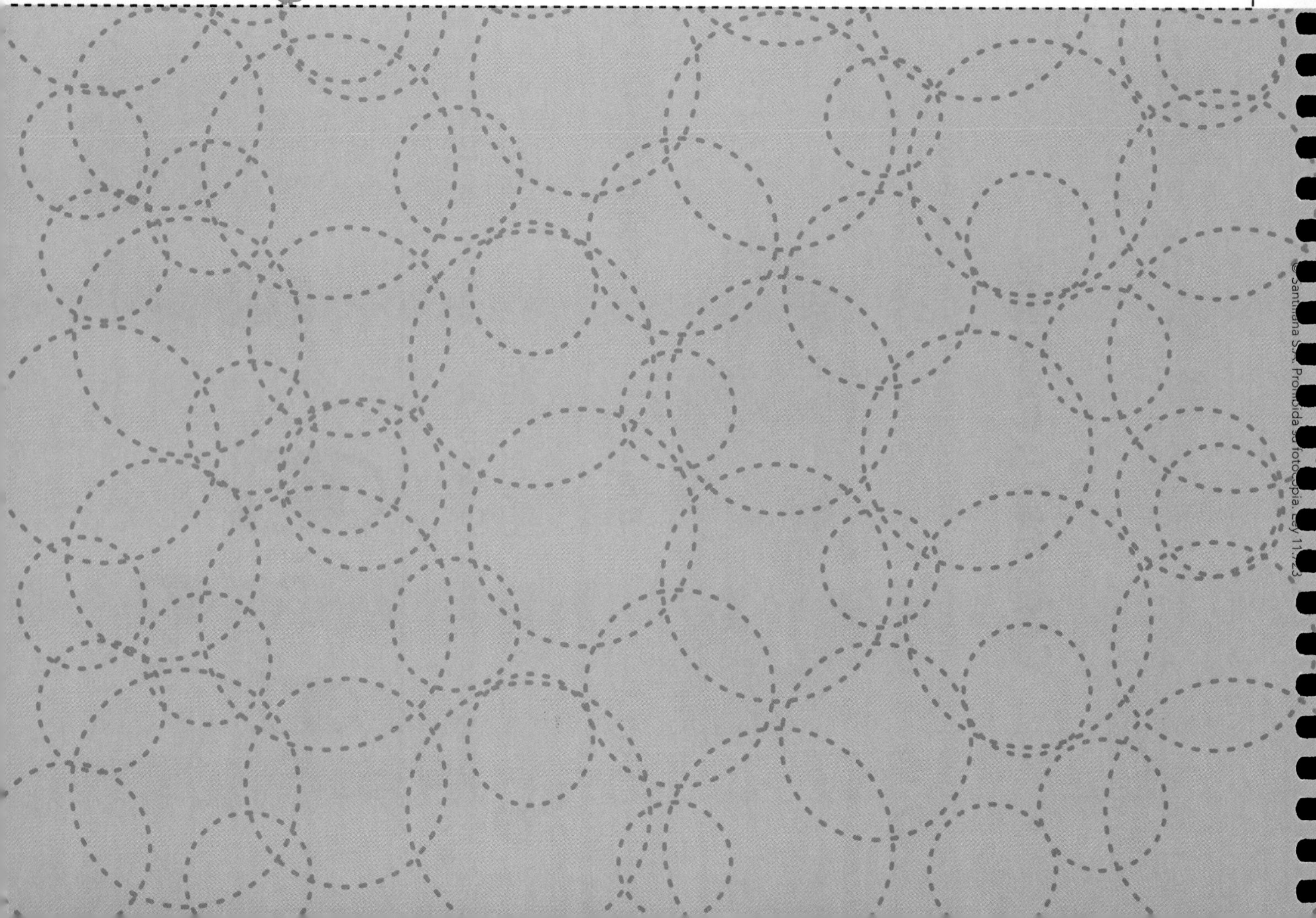

Trabajos de campo

Marcá con una **X** las fotos de los trabajos que se realizan actualmente en el campo.

Leé los epígrafes y escribí el que corresponde.

OBREROS EN LA FÁBRICA | SEMBRADORA | COSECHADOR | PEÓN EN LA ESQUILA

Lo importante es trabajar

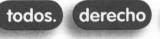

Ordená las palabras y armá la oración.

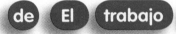

todos. | derecho | de | El | trabajo | un | es

Esta oración quiere decir que...

Hay que trabajar mucho.

Todos tenemos que poder trabajar.

salud. | El | es | trabajo

Esta oración quiere decir que...

Trabajar es muy importante para las personas.

El que no trabaja está enfermo.

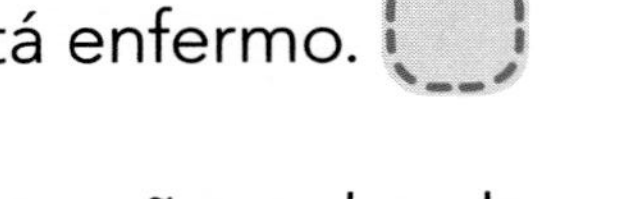

Comentá con tus compañeros las dos oraciones. ¿Cuál te gustó más? ¿Por qué? Escribila acá.

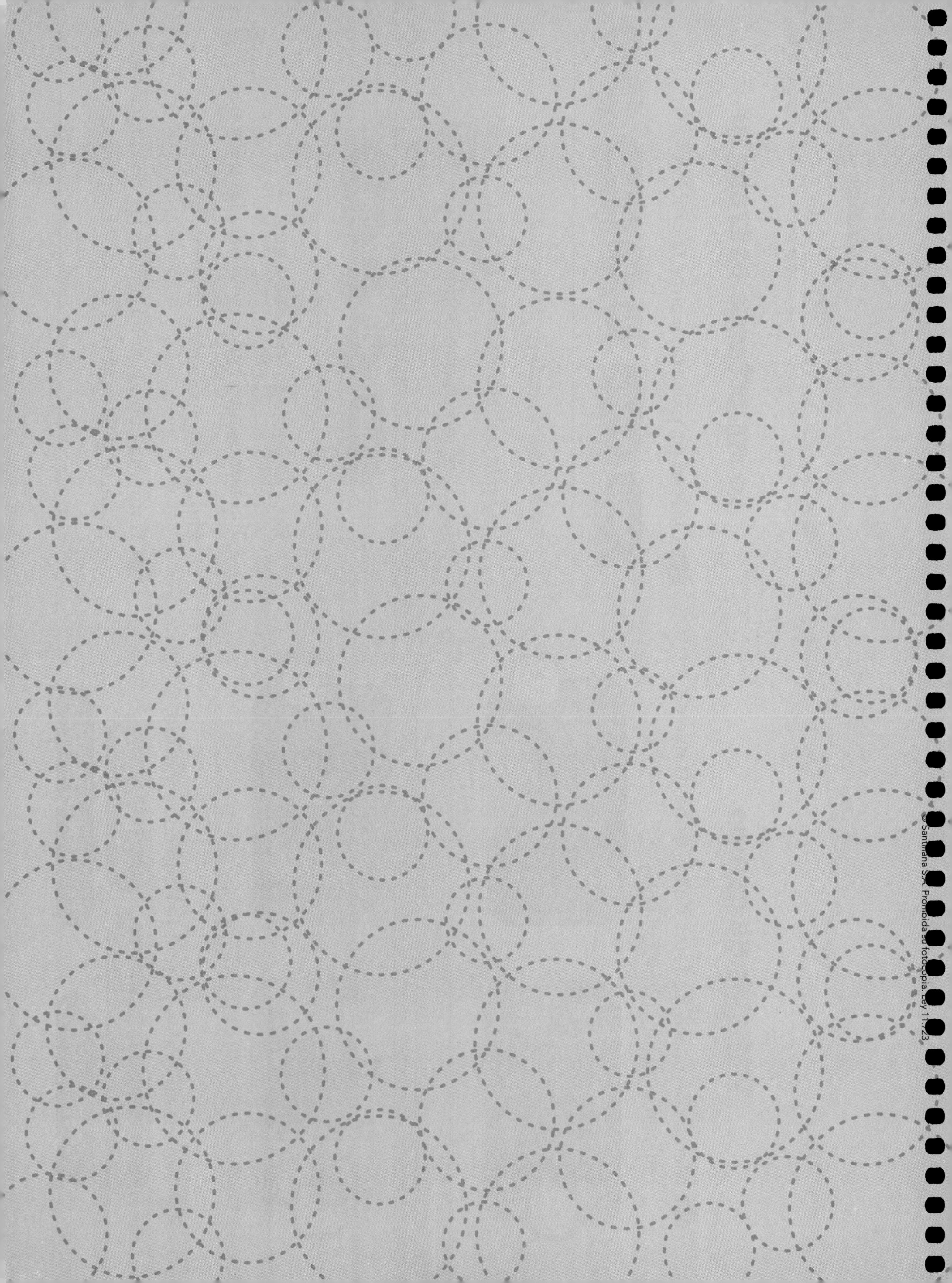

8 Desde siempre

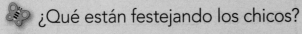

- ¿Qué están festejando los chicos?
- ¿Por qué creés que es importante conocer las costumbres de un pueblo?
- Describan la vestimenta que tiene cada uno y digan a qué lugar creen que representa.
- Averiguá los orígenes de tu familia y compartilos con el grupo.

Una carta de fiesta

De viaje por el norte, Gabi le escribe a su abuelo todo lo que va conociendo.

Jujuy, 7 de octubre

Querido abuelo:

No sabés todo lo que tengo para contarte. Del carnaval de Jujuy, de los colores, de los disfraces. Es todo muy lindo. Ayer fuimos a ver el Topamiento. ¿Vos viste un topamiento? Mirá, del norte vienen los cholos cantando algo así: "Del pago vengo, vidita"... Y las mujeres los esperan y les dicen: "Aquí te traigo esta florcita", hasta que se "topan" y... Se encuentran los hombres y las mujeres y se arman las parejas y bajan bailando hasta el Monumento de la Independencia. Parece que hace un montón de años que repiten esta fiesta. Y aunque todo sea tan lindo, yo te extraño mucho.

Un abrazo

Gabi

- ¿Para qué sirven las cartas? Contalo en tu cuaderno.
- Imaginate que le escribís una carta a un amigo. Completá el sobre con sus datos y los tuyos, y escribile en el papel del recortable de la página 185.

Para: ____________

____

Dirección: ____________

____

C. P. N°: ____________

Localidad: ____________

De: ____________

Dirección: ____________

C. P. N°: ____________

Localidad: ____________

Carnaval para multiplicar

Las comparsas preparan un desfile de carrozas para carnaval. En cada una de las carrozas van 4 bailarinas.

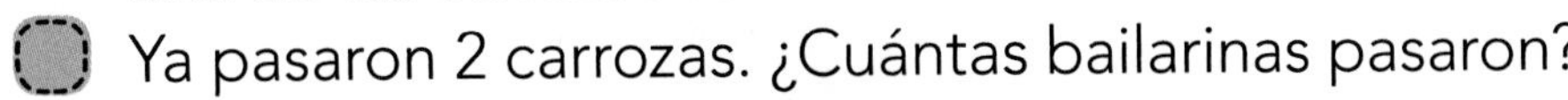

Ya pasaron 2 carrozas. ¿Cuántas bailarinas pasaron?

_____ × 4 = _____

- Todavía faltan pasar 4 carrozas con 4 bailarinas cada una. Calculá y respondé cuántas bailarinas más pasarán.

_____ × 4 = _____

- En la comparsa también desfilan otros personajes. Completá.

4 grupos de 3 payasos

3 + 3 + 3 + 3

4 × _____ = _____

4 grupos de 7 acróbatas.

___ + ___ + ___ + ___

4 × _____ = _____

Completá la tabla.

×	1	2	3	4	5	6	7	8	9	10
4	4				20	24			36	

+ 4 + 4 + 4 + 4 + 4 + 4 + 4 + 4 + 4 + 4

Paisaje que sube y baja

En un cerro de la provincia de Jujuy, allá arriba, donde el mapa de la Argentina se junta con el mapa de Bolivia, vive Alejo Huachi.

Su papá, que es alfarero, modela unas tinajas panzonas y fuertes donde guardar el agua de la lluvia y el grano de maíz.

Su mamá teje los ponchos más abrigados de La Quiaca.

Todo el año elaboran sus artesanías y cuando llega la fiesta del carnaval bajan al pueblo para venderlas.

Pero esta vez no podrán hacerlo porque don Huachi está enfermo.

–¡Qué problema! –dice el papá. No podremos juntar el dinero para comprar los alimentos del invierno.

–¡Qué disgusto! –dice la mamá. No podremos comprar la ropa, ni los útiles para que Alejo vaya a la escuela.

–¡Qué tristeza! –dice Alejo. No podré participar de los bailes y cantos.

Pero no es un chico que se deje vencer por las dificultades. Piensa y piensa y por fin le pide prestado el burrito a su vecino. Alejo y su mamá cargan las tinajas y los ponchos y se ponen en marcha apenas asoma el sol.

Cruzan un valle, suben cerros, bajan quebradas, se detienen junto a un arroyito a beber agua fresca y siguen caminando hacia el pueblo.

Cuando llegan, ven una multitud con ropa de fiesta. Todos charlan y ríen mientras acomodan sus mercancías. El aroma a comidas y dulces norteños llega hasta la nariz de Alejo y le hace crujir de hambre la pancita.

Busca su quena y una música alegre comienza a brotar de ella. Muchos bailarines lo rodean. Suenan las palmas y revolotean las polleras como aleteo de palomas.

Alejo y su mamá venden y ríen, venden y cantan, venden y comen manjares que les convidan.

Y cuando termina la jornada vuelven, subiendo y bajando por el paisaje, a su casita de los cerros, con las alforjas vacías y los bolsillos llenos.

Julia Chaktoura

Comprendo LA LECTURA

Mirá la escena. Dibujá en el otro cuadro qué pasó al final.

Rodeá las palabras que sirven para contar qué es una tinaja y escribilo en tu cuaderno.

canto
barro
carbón
modelar

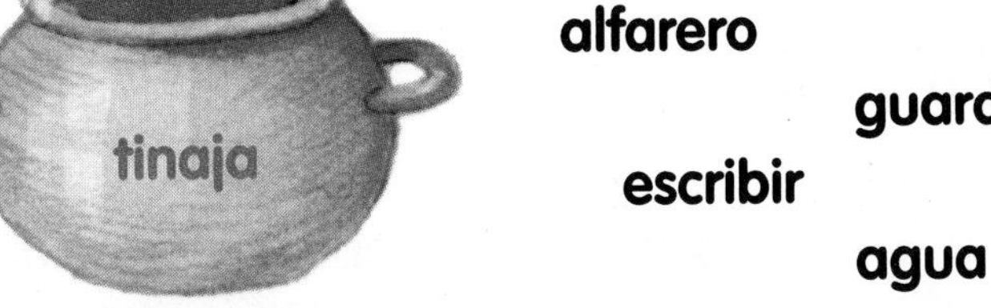

alfarero
guardar
escribir
agua

Excursiones para repartir

Antes de salir de excursión, Juan reparte 27 bolsos en 3 micros. En cada micro coloca la misma cantidad de bolsos. ¿Cuántos bolsos coloca en cada micro?

Mirá la cuenta que hizo Juan. Completá y respondé.

Pienso un número que multiplicado por 3 dé 27.

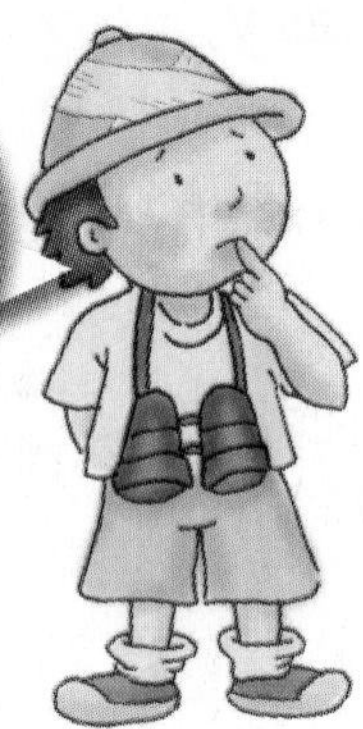

27 | 3
− 27 | ☐
0

No sobró ningún bolso.

R: Juan coloca ____ bolsos en cada micro.

- Al campamento irán 22 personas. En cada carpa pueden dormir 4. ¿Cuántas carpas se necesita llevar? Completá.

No hay ningún número que multiplicado por 4 dé 22.

Entonces pienso el número que más se acerca, pero que no pase de 22.

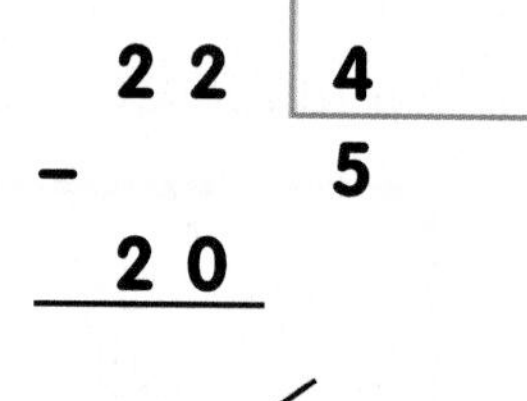

22 | 4
− 20 | 5

R: Si se llevan **5** carpas, sobran ____ personas.
Hay que llevar ____ carpas.

Resolvé las divisiones en tu cuaderno y pintá el cartel que corresponde.

39 | 4 — **Sobra** / **No sobra**

26 | 3 — **Sobra** / **No sobra**

28 | 4 — **Sobra** / **No sobra**

Así son nuestras costumbres

Festejar tu cumpleaños, jugar y contar cuentos son **costumbres** que siempre disfrutás con tu familia.

Pero además hay costumbres, que llamamos **tradiciones**, que se conservan a lo largo del tiempo y son compartidas por toda la comunidad o por todo el país. Esas tradiciones que los chicos aprenden de sus padres y de sus abuelos nos identifican como argentinos.

Redondeá en las imágenes una comida, un baile, un instrumento y un traje que sean típicos de la Argentina.

Marcá con una **X** las costumbres del lugar donde vivís.

Bailar tango. ☐

Tomar mate. ☐

Festejar Año Nuevo. ☐

Festejar el Día del Trabajador. ☐

Andar a caballo. ☐

Comer locro. ☐

Palabras en acción

En distintos lugares de nuestro país, las personas tienen diferentes costumbres y tradiciones.

¿Qué están haciendo los protagonistas de cada escena? Marcá con una **X**.

juegan ◻ pasean ◻ ríen ◻

bailan ◻ corren ◻ cantan ◻

escribe ◻ conversa ◻ vende ◻

lee ◻ cocina ◻ limpia ◻

La llave del baúl

Las palabras que sirven para contar qué se está haciendo (es decir, las acciones) se llaman **verbos**.

En tu cuaderno, hacé un dibujo con muchos personajes y escribí qué están haciendo.

¡Para resolver en la feria !

En el pueblito de Villa Azul hay una feria donde podés comprar todo lo que quieras.

Resolvé en tu cuaderno los problemas de la feria.

1

Facu, el artesano, repartió 72 mates en 4 cajas. En cada una puso la misma cantidad. ¿Cuántos mates puso en cada caja?

2

Moni compró 4 bandejas con 18 pastelitos en cada una. ¿Cuántos pastelitos compró?

3

Lucas le encargó al ceramista 16 juegos de café con 4 jarritos cada uno. ¿Cuántos jarritos encargó?

4

Sol, la florista, acomodó 84 girasoles en 3 jarrones. En cada uno puso la misma cantidad. ¿Cuántas flores puso en cada jarrón?

¿Cuándo pasó?

En el Día del Amigo, los chicos juegan a cumplir misiones. La misión de Clara es descubrir un regalo y enviárselo a un amigo. Para lograrlo, tiene que pasar por estas pruebas.

- Encontrar debajo de las sillas del salón una figurita escondida.
- Encontrar un sobre en la pila de cuadernos.
- Guardar la figurita dentro del sobre y escribir en el frente el nombre del amigo.

Mirá las escenas y completá con el verbo que corresponde.

Antes	Ahora	Después

Clara ya ________________ la figurita. Ahora ________________ el sobre.
(encuentra-encontró-encontrará) (busca-buscó-buscará)

Cuando lo encuentre, ________________ la figurita y ________________ el nombre de su amigo.
(guarda- guardó- guardará) (escribe-escribió-escribirá)

Uní con flechas los carteles que se corresponden y después usá los verbos para contar algo en tu cuaderno.

hoy	pasearé	futuro
ayer	festejo	presente
mañana	compré	pasado

Medio litro, medio kilo

En el comedor del hotel, usan una botella de 1 litro de aceite para llenar 2 jarritas iguales. ¿Qué cantidad de aceite entra en cada una?

Pintá todos los cartelitos que lo indiquen.

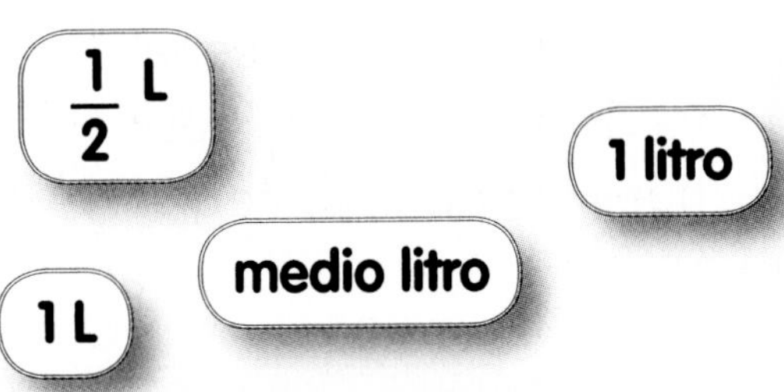

El cocinero pesa los ingredientes para preparar las comidas.

Cada paquetito celeste tiene la misma cantidad de harina. ¿Cuántos kilogramos hay en cada uno? Completá.

La tía Nati usó $\frac{1}{2}$ L de leche para preparar cada gusto de helado. Hizo helados de chocolate, de vainilla, de frambuesa y de frutilla.

¿Cuántos litros de leche usó?

R: Usó ____________________ de leche.

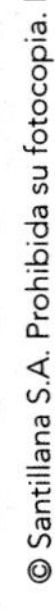

Con r y con rr

Leé la poesía en voz alta. Después, escribí **r** o **rr**.

Si viaja por el renglón,
la R, siempre muy seria,
va dejando a cada paso
huellitas de tinta negra.

En cambio en el pizarrón,
la RR muerta de risa
corre y corre dibujando
un caminito de tiza.

Liliana Cinetto

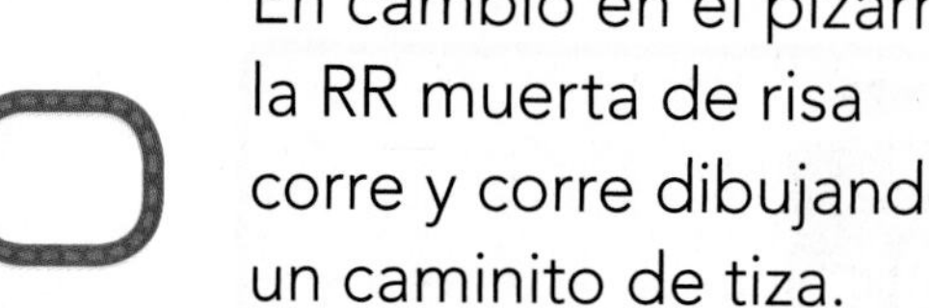

Armá cinco palabras y pintalas de un mismo color, como en el ejemplo. Después escribilas en la columna que corresponde.

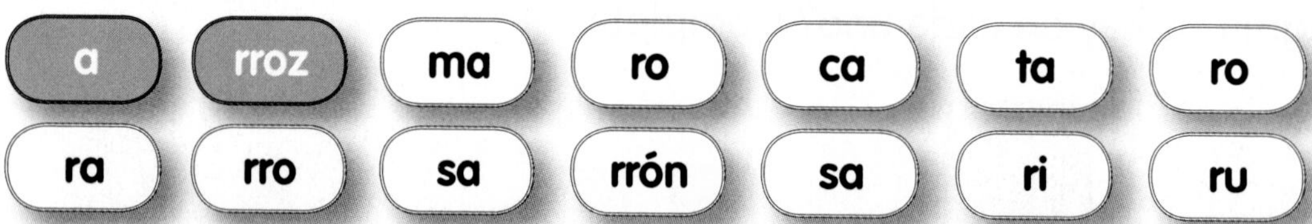

Con R	Con RR
	arroz

Elegí dos palabras y usalas para escribir una oración en tu cuaderno.

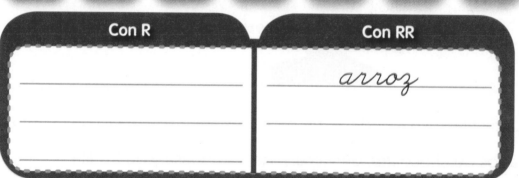

r r

rr rr

Las fiestas que más nos gustan

En distintos días del año, y a lo largo de nuestro país, los argentinos hacemos un montón de festejos. Hay fiestas patrias para recordar hechos importantes de nuestra historia; también, para celebrar la cosecha, la llegada de la primavera y los carnavales.

1

Fiesta del 25 de Mayo en una escuela.

2

Fiesta de la Pachamama, en Jujuy.

3

Desfile de carrozas en la Fiesta de la Vendimia, en Mendoza.

4

Trajes coloridos en el Carnaval de Gualeguaychú, en Entre Ríos.

 ¿A qué fiesta fue cada uno de estos chicos? Escribí el número de la foto que corresponde.

El fin de las cosechas se celebra con importantes desfiles y festejos.

Durante estos festejos, nos disfrazamos, jugamos con agua y vamos a los desfiles de carrozas.

En las fiestas patrias, papás, chicos y maestros nos reunimos en la escuela.

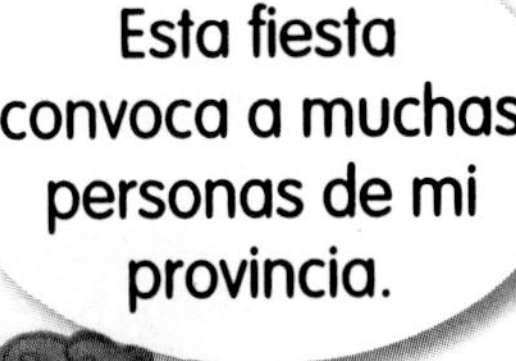

Esta fiesta convoca a muchas personas de mi provincia.

Foto N° ____

Foto N° ____

Foto N° ____

Foto N° ____

Uno con z, muchos con c

Estas escenas se parecen pero no son iguales. Descubrí las cinco diferencias y escribilas.

Hay una luz.

Hay dos luces.

Completá con el sustantivo que corresponde. Después escribí en tu cuaderno oraciones con las palabras que no usaste.

nuez nueces tamiz tamices raíz raíces

Luana comió muchas ______ ricas.

Adriana pasa la harina por el ______.

La ______ rompió las baldosas.

Más cálculos

Mucha gente visita Escobar para la Fiesta Nacional de la Flor.

Leé los carteles, resolvé los cálculos para saber los precios y marcá con una **X** las oraciones correctas.

El limonero cuesta lo mismo que un arreglo floral.

Los plantines cuestan la mitad de lo que cuesta un jarrón.

El jarrón cuesta menos que el arreglo floral.

El limonero cuesta menos de $ 200.

Resolvé.

¿Cuántas plantas guardará Camila?

Cuenta

Antes DE LEER

- ¿Por qué los poemas transmiten sentimientos?
- ¿Hay poemas o rimas que sirven para jugar? ¿Cuáles?
- ¿Conocés los cuentos "de nunca acabar"? ¿Cómo son?

Cuentos de nunca acabar

Éste era un gato
que tenía los pies de trapo
y la barriguita al revés.
¿Querés que te lo cuente otra vez?

José se llamaba el padre,
Josefa la mujer,
y tenían un hijito
que se llamaba José.
José se llamaba el padre...

Recopilados por Carlos Silveyra

Son parte de lo que soy

El mate, el gaucho, el caballo,
también el dulce de leche,
el asado y el facón,
la guitarreada y el tango,
hacen nuestra tradición.
Son parte de lo que soy.

Ana María Pezzoni

- Jueguen con los cuentos de nunca acabar y expliquen entre todos por qué nunca se acaban.
- En tu cuaderno, alargá el poema "Son parte de lo que soy", agregando dos o tres versos. ¡Tené cuidado con la rima!

Guardo en mi baúl todo lo que sé

Sé qué hay que escribir en una carta. Escribí V o F.

En una carta:
- lugar y fecha. ☐
- la edad de la persona a la que se escribe. ☐
- el nombre del destinatario. ☐
- el nombre de quien la envía. ☐

Sé que las palabras que cuentan una acción se llaman verbos. Pintá los recuadros con verbos.

precioso **escribo** **elefante** **corriste**

Sé que los verbos pueden contar algo que pasó, que está pasando o que pasará. Completá las oraciones con el verbo cocinar.

Ayer ____________ tres docenas de empanadas.

Hoy ____________ dos docenas de bizcochitos.

Mañana ____________ la torta.

Sé escribir el plural de estas palabras.

vez ____________

tapiz ____________

Sé cuándo escribir r o rr. Escribí los nombres de estos animales.

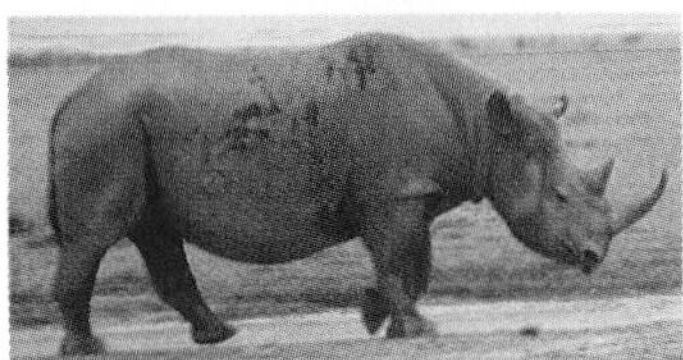

____

____

Sé la tabla del 4. Completá.

5 x 4 = ____ 4 x ____ = 8 4 x ____ = 12

Sé hacer divisiones. Respondé.

Gabi repartió 34 caramelos entre sus 4 amigos. Les dio la mayor cantidad que pudo y todos recibieron lo mismo. ¿Cuántos le dio a cada uno? ¿Le sobró alguno?

Cuenta

Sé lo que indica la fracción $\frac{1}{2}$. Calculá cuántos kg de chocolate hay en el dibujo.

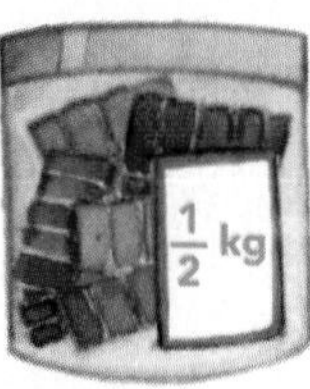

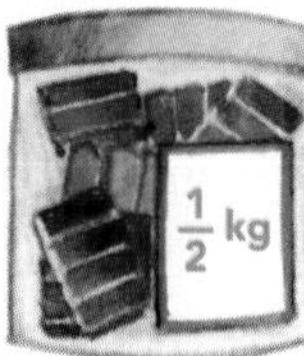

Sé resolver problemas. Respondé.

Celina preparó para su cumple 37 bolsitas con 4 chupetines en cada una. ¿Cuántos chupetines usó?

Cuenta

¡Cuánto guardé!

Lo que más sé ....

Me costó un poquito ....

Recortable PARA USAR EN LA ACTIVIDAD DE LA PÁGINA 168.

Recortá por la línea de puntos. Antes de empezar a escribir, leé los cartelitos para no olvidarte de nada.

Lugar y fecha.

Fórmula de saludo.

Contenido.

Fórmula de despedida.

Firma.

Posdata, si te olvidaste de algo.

¡Ésta sí que es una fiesta!

Elegí una fiesta típica de tu localidad, u otra fiesta que te haya gustado, y completá.

VENÍ A LA GRAN FIESTA DE ______

Participá en la carrera de ______.

Probá unas riquísimas ______ y, de postre, unos deliciosos ______.

No te pierdas el desfile de ______ ni la coronación de la ______.

Cantá y bailá acompañado por la música que tocan con ______

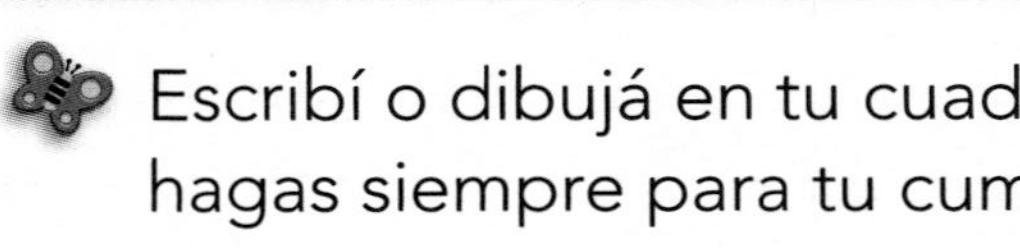

¡TE ESPERAMOS!

Escribí o dibujá en tu cuaderno tres cosas que hagas siempre para tu cumpleaños.

Cuidemos nuestro pasado

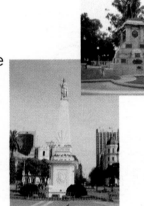

Marcá con una **X** la situación más correcta.

En cada ciudad hay edificios antiguos y monumentos en homenaje a algunos momentos de nuestro pasado o a las personas que actuaron en ellos. ¿Por qué tiene tanta importancia conservarlos en buenas condiciones?

- Porque son parte de nuestra historia. ☐
- Porque nos permiten conocer mejor lo que pasó. ☐
- Porque son viejos y no tienen importancia. ☐
- Porque son parte de nuestro patrimonio histórico y cultural. ☐

Nombrá edificios, monumentos y estatuas del lugar donde vivís que recuerden hechos importantes del pasado o a algunos personajes.

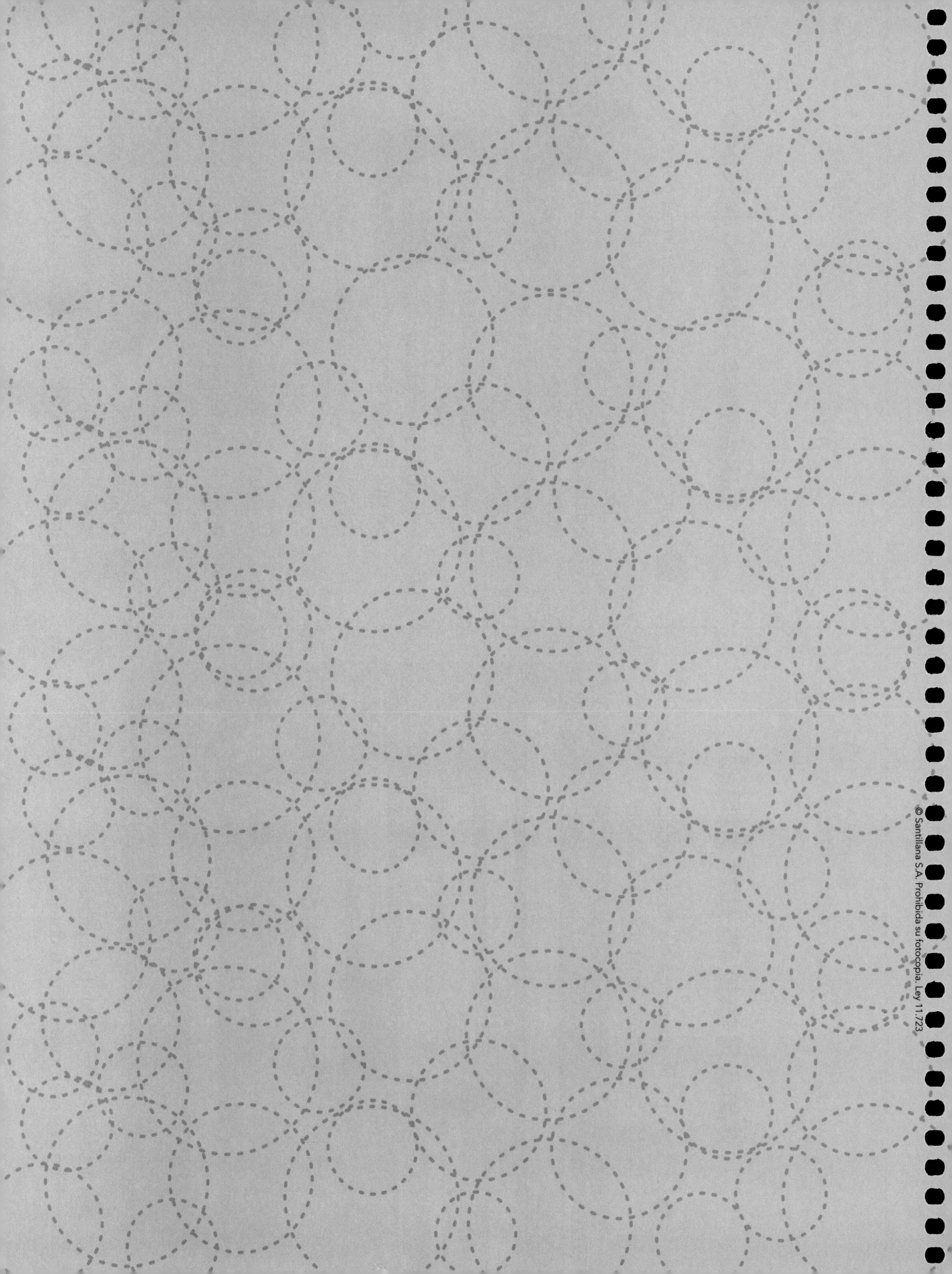

9 Saber elegir

- ¿Qué tienen que elegir los chicos?
- ¿Cómo pensás que tiene que ser un buen capitán de un equipo?
- ¿Cómo pueden hacer para elegirlo?
- ¿Alguna vez viste a tu familia participar de una elección? ¿Qué hicieron ese día?

Reglamento para elegir

Para elegir a un compañero que nos represente, a veces es necesario hacer una votación. Pero, ¡atención! La votación debe hacerse de una manera que nos deje conformes a todos.

¿Cuáles de estas acciones elegirías para hacer una votación en tu aula? Rodealas y explicá a tus compañeros por qué las elegiste.

Votar en voz alta.

Escribir el voto y que sea secreto.

Guardar los votos escritos en una caja.

Tener los votos escritos en la mano.

Nombrar a alguien responsable de los votos.

Contar los votos.

Escribir el voto en tinta de color.

Que la elegida sea mujer.

Completá el reglamento para elegir al capitán o a la capitana del equipo. Usá las acciones de la actividad anterior y proponé otras que te parezcan necesarias.

Reglamento para elegir al capitán del equipo del grado

Los chicos que participan en la elección deben: ______

______

______

______

El elegido debe: ______

______

______

______

Mil firmas

La directora de la escuela se jubila y los chicos le prepararon una tarjeta con las firmas de alumnos, ex alumnos, padres y vecinos.

Leé y calculá.

Ya llegamos a 999 firmas.
¡Bravo!

¡Esperen, falta que firme mi papá!
¡GRACIAS!
¡Felicidades!

- ¿Cuántas firmas juntaron con la firma del papá de Leo?

MIL firmas.

Descubrí cómo siguen las series numéricas y pintá los carteles para continuarlas.

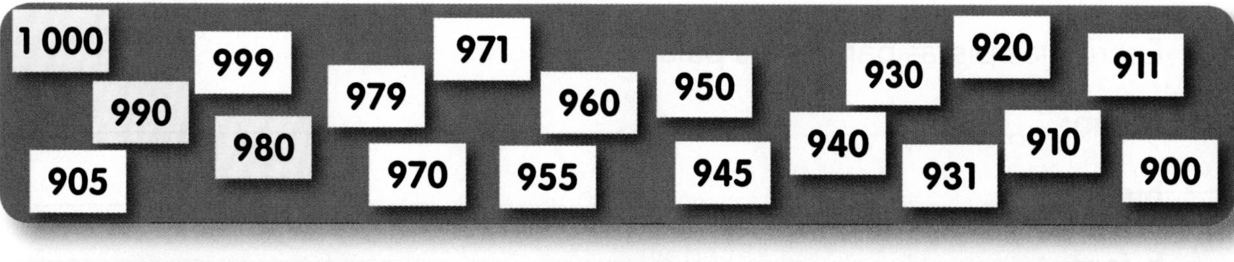

¡Humm!

Leé las pistas y completá. Después, escribí en tu cuaderno la última palabra y hacé un dibujo para ilustrarla.

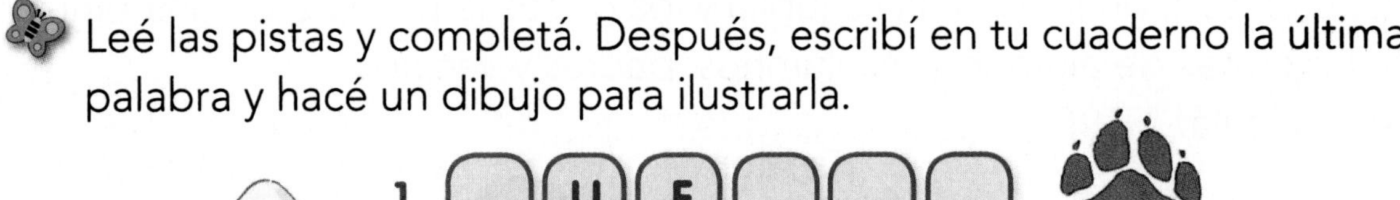

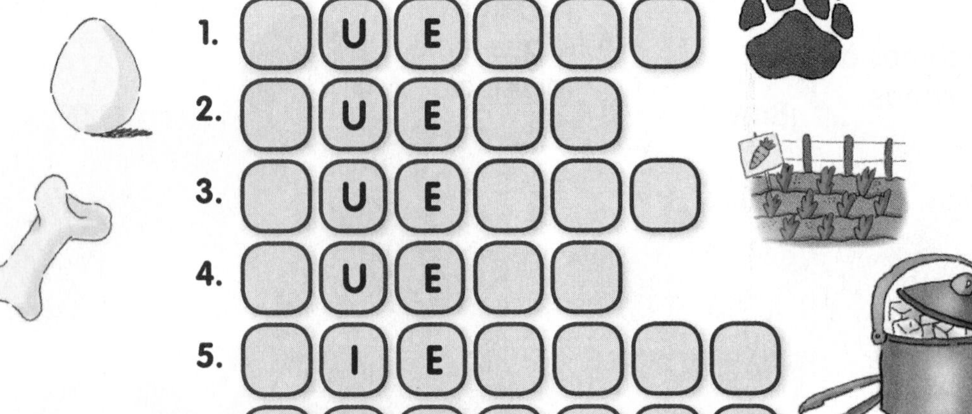

Pistas

1. Marca que deja en la tierra un pie o la pata de un animal.
2. Lo ponen las gallinas.
3. Terreno donde se cultivan vegetales y frutales.
4. Cada parte de nuestro esqueleto.
5. Recipiente para mantener el hielo.
6. Un poco mojados.

Escribí las pistas para estas palabras.

humo: ______________________________

hiena: ______________________________

hueco: ______________________________

h h

Multiplicación por 5

Los chicos de 1.° a 5.° año deben elegir representantes para la asamblea escolar. Cada curso envía los delegados que muestra el recuadro.

1 PRESIDENTE

2 SECRETARIOS

3 VOCALES

Leé y calculá.

- ¿Cuántos presidentes van a participar de la asamblea?

1.° año 2.° año 3.° año 4.° año 5.° año

1 + 1 + 1 + 1 + 1 = 5 veces 1

5 × 1 = ____

- ¿Y secretarios?

2 + 2 + 2 + 2 + 2 = 5 × ____ = ____

- ¿Y vocales?

3 + 3 + 3 + 3 + 3 = ____ × ____ = ____

- ¿Cuántos delegados se enviarán en total?

6 + ____ + ____ + ____ + ____ = ____ × ____ = ____

Completá la tabla.

×	1	2	3	4	5	6	7	8	9	10
5	5					30				50

+5 +5 +5 +5 +5 +5 +5 +5 +5

El banquete

Había una vez, hace muchísimo tiempo, un pequeño pueblo de pastores y agricultores. Este pueblo estaba gobernado por un comendador, al que nadie quería porque era perezoso y muy avaro.

Un día, el comendador organizó una fiesta para celebrar la cosecha de trigo. Y como no le gustaba gastar dinero, ordenó que los invitados trajeran las galletas y las tortas para comer en el banquete.

–Cada uno traerá una bolsa de galletas o una deliciosa torta, y todos nos deleitaremos con ellas. ¡Será un banquete exquisito! –exclamó el muy tacaño.

Un pastor y una agricultora muy pobres se quedaron preocupados cuando se enteraron.

–¿Qué vamos a hacer? –preguntó el pastor–. ¡Nosotros no tenemos dinero para preparar las galletas y las tortas!

–¡Pero no podemos faltar! –dijo la mujer–. El comendador se enojaría mucho con nosotros.

Pensaron y pensaron hasta que a la agricultora se le ocurrió una solución.

–¡Ya está! Nosotros llevaremos lo que tenemos: un poco de pan duro, en vez de galletas y torta. Mezclaremos las bolsas con las demás y seguramente nadie se dará cuenta.

Por fin llegó el gran día y los invitados concurrieron al banquete. En la entrada, el comendador había colocado un gran canasto donde todos iban poniendo sus bolsas y sus cajas.

Cuando llegaron los últimos invitados, comenzó la fiesta con música y baile.

Apenas habían pasado unos minutos cuando el comendador se levantó de su silla como un rayo, con la cara roja de rabia.

–¿Qué significa esto? ¿Dónde están las tortas y las galletas? –gritó furioso–. ¡Aquí no hay más que pan duro!

Los invitados, asombrados, no sabían qué decir. ¡Sin haberse puesto de acuerdo, todos habían llevado pan duro en lugar de galletas y torta! El comendador, enojado, suspendió la fiesta y echó a los invitados, que, por supuesto, se quedaron sin banquete.

Gracias a lo que pasó, el rey de ese país se enteró de la avaricia del jefe. Y como el rey era justo, retiró de su puesto a aquel hombre tan tacaño. En su lugar, los pastores y los agricultores eligieron un nuevo comendador. Para celebrarlo, se organizó una gran fiesta en la que todos pudieron comer y beber lo que quisieron... ¡sin llevar nada a cambio!

Cuento popular.

Comprendo LA LECTURA

¿Qué adjetivo le corresponde a cada personaje? Completá las oraciones.

El rey era ______________. *El comendador era* ______________.

Los agricultores y los pastores eran ______________.

¿Cuál de estos carteles corresponde al cuento? Pintalo.

El comendador invitó a los pastores y agricultores a una fiesta. Los obligaba a llevar galletas y torta, pero ellos llevaron pan duro.	El comendador invitó a los pastores y agricultores a una fiesta. Los obligaba a llevar pan, pero ellos llevaron galletas y torta.

Explicá en tu cuaderno qué enseña el cuento.

Para una mejor convivencia

En cada familia existen reglas o normas que hay que cumplir para vivir en armonía, para organizarse mejor y para que todos se respeten por igual. Ayudar en casa, hacer las tareas de la escuela y lavarse los dientes después de cada comida son reglas que los chicos van aprendiendo de sus papás a medida que crecen.

Indicá de qué familia se trata según las pistas.

- **En la familia de los Fumis, chicos y grandes hacen juntos todas las tareas de la casa.**
- En la familia de los Maidas, solo los papás realizan los trabajos de la casa.

Familia ____________________ **Familia** ____________________

Escribí una norma para ayudar a que la familia Maidas se organice mejor.

____

____

Cuentas para festejar

La fiesta de fin de año está preparada. Solo falta repartir en cantidades iguales todo lo que trajeron los chicos para festejar.

Leé, resolvé los cálculos en tu cuaderno y completá.

En cada piñata hay ______ juguetes.

En cada florero hay ______ flores.

En cada fuente hay ______ caramelos.

En cada caramelera hay ______ confites.

Descubrí los puntajes de los chicos en los juegos de la fiesta y escribilos.

Pedro tenía 843 puntos pero perdió 17. ☐

Maca ganó 956 puntos y después perdió 139. ☐

Los textos tienen párrafos

Leé el texto que escribió Augusto y fijate en las marcas.

SANGRÍA → *Siempre me acuerdo del día en que mi mamá me pidió que la acompañara a votar. Me dijo que era un día especial porque entre todos los argentinos iban a elegir a un nuevo presidente*⊙ ← PUNTO Y APARTE } PÁRRAFO

Fuimos juntos hasta una escuela llena de gente. En la puerta de un aula, sobre una mesa, había una urna, una caja grande donde todas las personas ponían un sobre con su voto.

Yo vi cómo mi mamá entraba en el "cuarto oscuro", que no era otra cosa que el aula, y salía con su sobre cerrado, porque nadie tenía que saber por quién había votado.

Señalá con } los otros párrafos del texto.

- Repasá: con celeste las **sangrías** y con rojo los **puntos y aparte**.

Completá.

Este texto tiene ______ párrafos.

Me doy cuenta porque los párrafos empiezan con un espacio, llamado

________________, y terminan con un ________________________ .

Volvé a leer el texto y escribí en tu cuaderno la idea más importante de cada párrafo.

- *En el primer párrafo, Augusto cuenta...* • *En el segundo, ...* • *En el tercero, ...*

Más cálculos

Pintá los cálculos con los que podés averiguar cuántos chicos hay.

5 + 5 + 5 + 5

4 + 4 + 4 + 4

5 × 4

4 × 5

Ahora, pintá los cálculos con los que podés averiguar cuántas sillas hay en el patio.

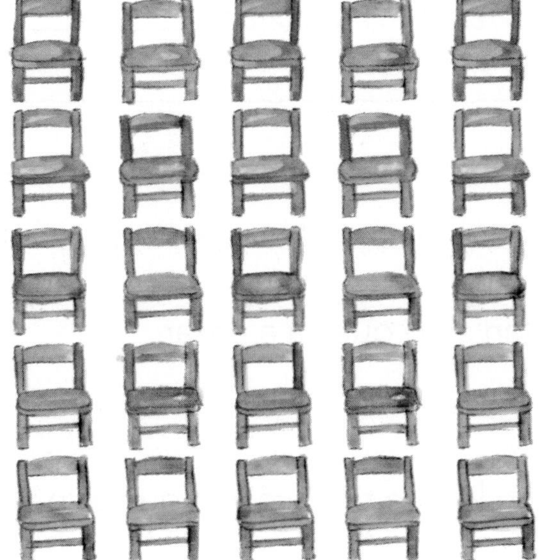

4 + 5 + 4 + 5

5 + 5

5 × 5

5 + 5 + 5 + 5 + 5

Antes, ahora y después

Malena está terminando segundo, como vos. Mirá las escenas y contá lo que te parece que ocurre en cada una.

ANTES **AHORA** **DESPUÉS**

______________________ ______________________ ______________________

______________________ ______________________ ______________________

Completá las oraciones usando estos verbos.

conoció **quiere** **acarició** **abraza** **extrañará**

Cuando empezó segundo, Malena ______________________

____.

Hoy, ______________________________________.

Al terminar el año, seguramente, ____________________.

Rodeá los verbos que cuentan algo que va a pasar.

lloverá **crecí** **come** **terminaré** **jugué**

Ahora, escribí en tu cuaderno lo que te pasó y lo que te pasa a vos en la escuela.

Ayer... Hoy...

Simetría en tarjetas

Gabi recibió esta tarjeta y al abrirla descubrió una sorpresa.

Pintá las figuras que coinciden en sus bordes cuando las doblás por la línea de puntos. En las que pintaste, repasá con rojo la línea de puntos o eje de simetría.

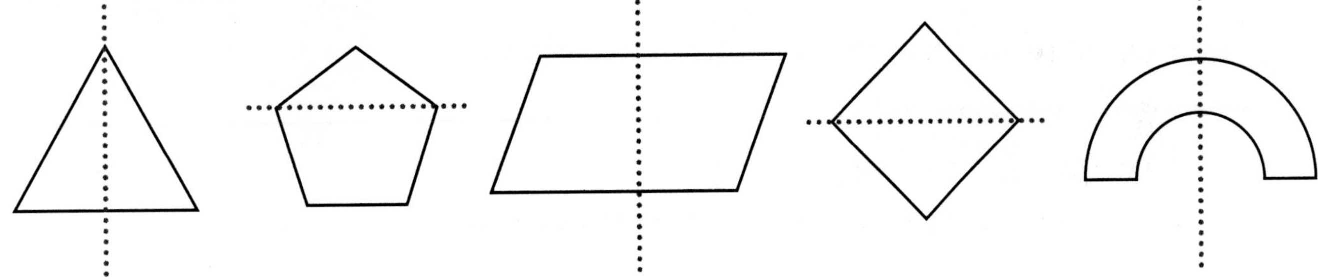

Completá la mitad de cada dibujo para que la línea roja sea el eje de simetría de la figura.

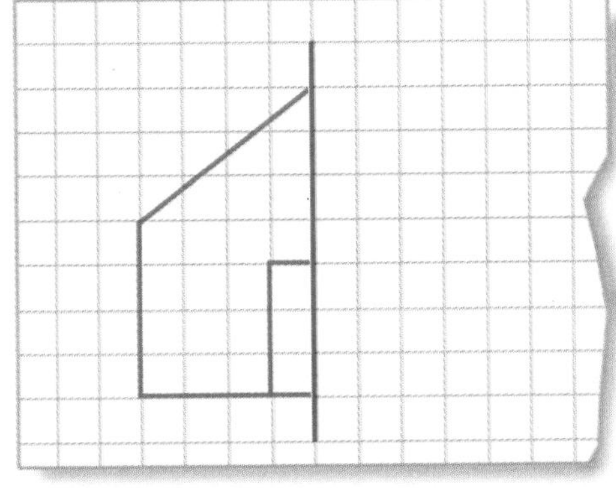

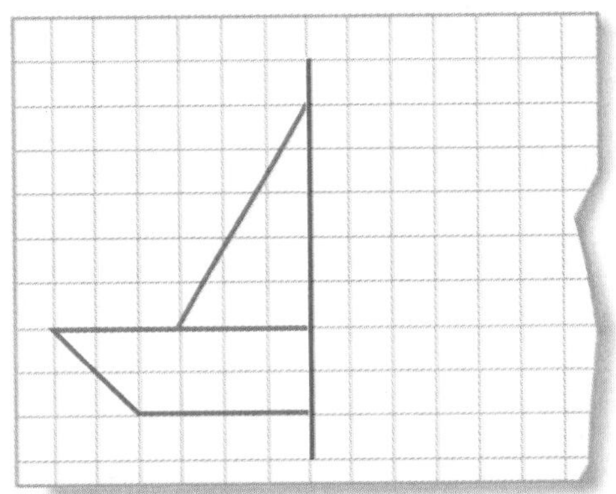

Sustantivos, adjetivos y verbos

Marcos lee una publicidad de una agencia de turismo, pero algunos adjetivos están mal escritos.

Escribí en tu cuaderno las oraciones del afiche en forma correcta.

Agencia de Turismo
Conocer más
Unas frescas vacaciones en el mar inmensa.
El descanso esperado en las imponente montañas.
La aventura en las altos cataratas.

Completá las oraciones con verbos y adjetivos.

La playa ________________________________.

El sol ________________________________.

Los barcos ________________________________.

Unas vacaciones ________________________________.

Usá esas oraciones para hacer un afiche como el de esta página en tu cuaderno.

El gobierno de nuestro país

En la Argentina vivimos en democracia; es decir que los ciudadanos mayores de 18 años votan para elegir a nuestros gobernantes. Además, vivir en democracia significa que las personas conviven respetando los derechos de todos. Para eso se crearon normas escritas llamadas leyes, que todos los argentinos debemos cumplir. Nuestra ley más importante es la Constitución de la Nación Argentina. En ella se indican nuestros derechos, nuestra forma de gobierno y también se explica quiénes son nuestras autoridades.

Yo soy el presidente de la Nación y gobierno todo el país.
Los diputados y los senadores creamos las leyes para todos los argentinos.
Yo soy un juez de la Nación y trabajo para asegurar que las leyes se cumplan.

Indicá **V** (Verdadero) o **F** (Falso).

Los jueces hacen las leyes. ☐

Los diputados y los senadores crean las leyes. ☐

El presidente gobierna el país. ☐

Mi historieta

Imaginá que el personaje que inventaste en la página 160 vive en un pueblo gobernado por un rey muy injusto. ¿Cómo seguiría la historia? Recortá de la página 207 la figura del rey y los globitos de diálogo. Usalos para armar la historieta con tu personaje. Dibujá todo lo que necesites y escribí un título.

____

En _______________

Y así, _______________

Sé para qué podemos usar un reglamento. Pintá los carteles que lo indican.

Para jugar. | **Para disfrutar.** | **Para votar.** | **Para comportarnos.**

Sé reconocer características de un personaje. Escribí dos características del personaje que creaste.

Personaje: ______________________.

Características: ______________________ ______________________.

Sé dónde empieza y dónde termina un párrafo. Encerrá entre llaves los párrafos de este texto.

> **Hoy, David terminó las clases. Se despidió por unos meses de su escuela y de sus compañeros.**
>
> **Lo esperan unas hermosas vacaciones en el Tigre. Con su hermano planean salir a caminar por las islas y conocer nuevos amigos.**

Sé que las palabras que empiezan con hum, hie y hue se escriben con h. Escribí la familia de la palabra hielo y hacé un trabalenguas. Copialo abajo.

______________ ______________ ______________ ______________

Sé los números hasta el 1 000. Escribí el anterior y el posterior de cada número.

_____ 800 _____   _____ 999 _____   _____ 560 _____

Sé la tabla del 5. Uní con flechas.

5 × 2   5 × 8   5 × 6   5 × 9

40   30   45   10

Sé qué cálculos resuelven cada situación.
Pintá los cálculos con los que podés saber cuántos ☐ hay en cada caso.

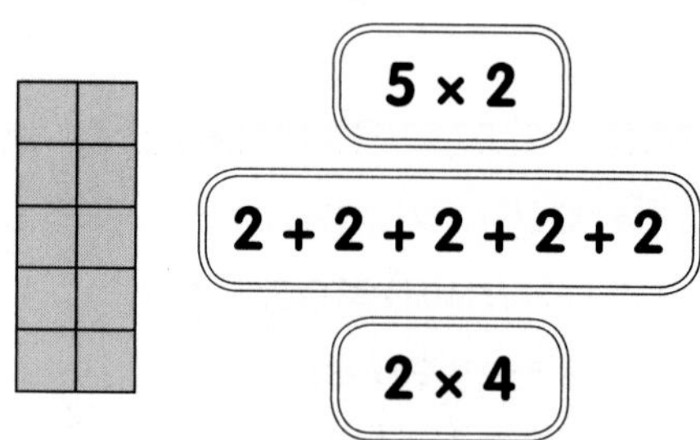

5 × 2

2 + 2 + 2 + 2 + 2

2 × 4

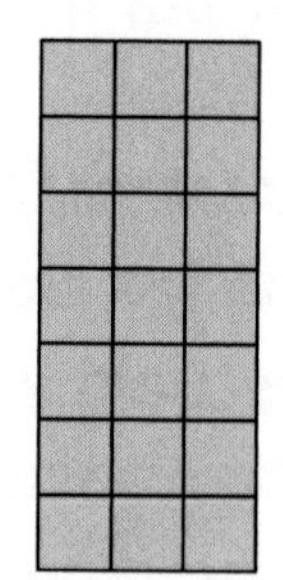

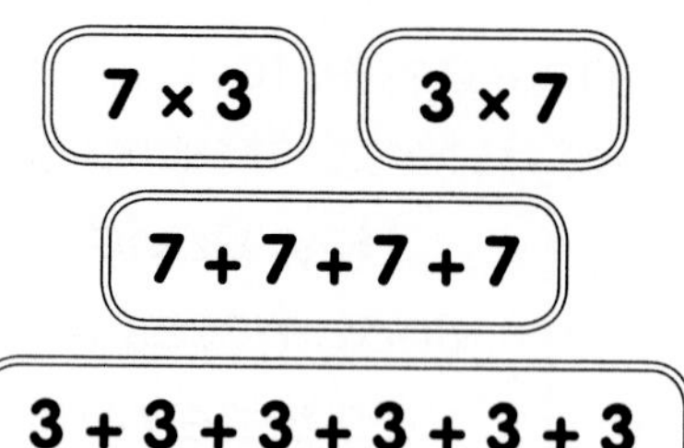

7 × 3   3 × 7

7 + 7 + 7 + 7

3 + 3 + 3 + 3 + 3 + 3

Sé reconocer figuras con eje de simetría. Dibujá un eje de simetría en cada figura.

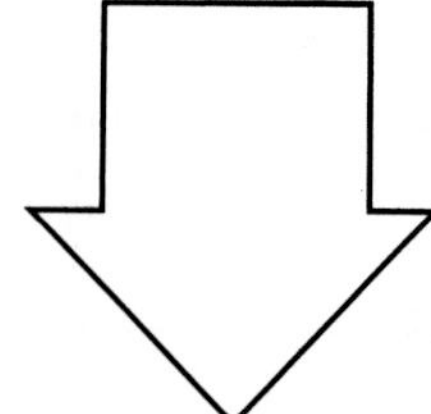

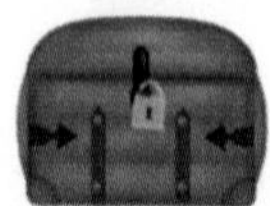

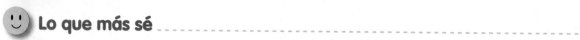

¡Cuánto guardé!

Lo que más sé ....

Me costó un poquito ....

Para contar cómo es

Resolvé los cálculos para averiguar cuántos votos recibió cada lista y completá.

- **A** 5×15 más 1 decena.
- **B** 50×3 menos 1 centena.
- **C** 4×97 menos 6 unidades.
- **D** 160×3 menos 5 decenas.
- **E** 49×2 más 5 centenas.

¿Quién ganó? ____________________

Recortables PARA LA PÁGINA 204

Vivir en democracia

Isla Feliz era un territorio gobernado por un rey que decidía por todos. Pero un día los habitantes se reunieron con él y juntos resolvieron que, de allí en más, querían participar en las decisiones y vivir en democracia.

Marcá todas las acciones que tuvieron que realizar para vivir en una democracia como la nuestra.

	SÍ	NO
En lugar del rey gobernó un presidente.	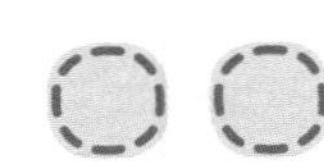	
El rey eligió a los diputados y a los senadores.		
Se dictó una ley para lavar los platos.	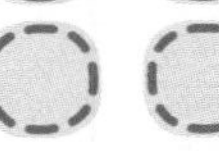	
Se sancionó una Constitución.		
No quisieron tener jueces.		
Sólo podían votar los mayores de 18 años.		
El presidente también trabajaba como senador.	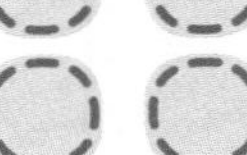	
Para elegir al presidente votaron los ciudadanos.	 	
Todos tuvieron los mismos derechos.	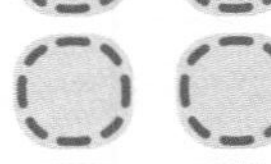	
El rey administraba justicia.	 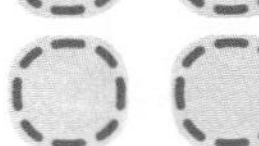	

Los chicos también pueden votar

Completá este afiche y compartilo con tus compañeros.

QUIERO SER "PRESIDENTE POR UN DÍA"

Me llamo: ____________________

Tenemos este problema: ____________________ ____________________

Propongo esta solución: ____________________ ____________________

Luego organicen una votación para que cada uno elija al candidato que presente las mejores propuestas.

Acondicionen un sector de la clase como cuarto oscuro. Para votar, completen el talón que aparece abajo. Después de la votación, recuenten los votos para saber quién ganó. ¡Suerte!

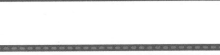

YO VOTO POR: ____________________

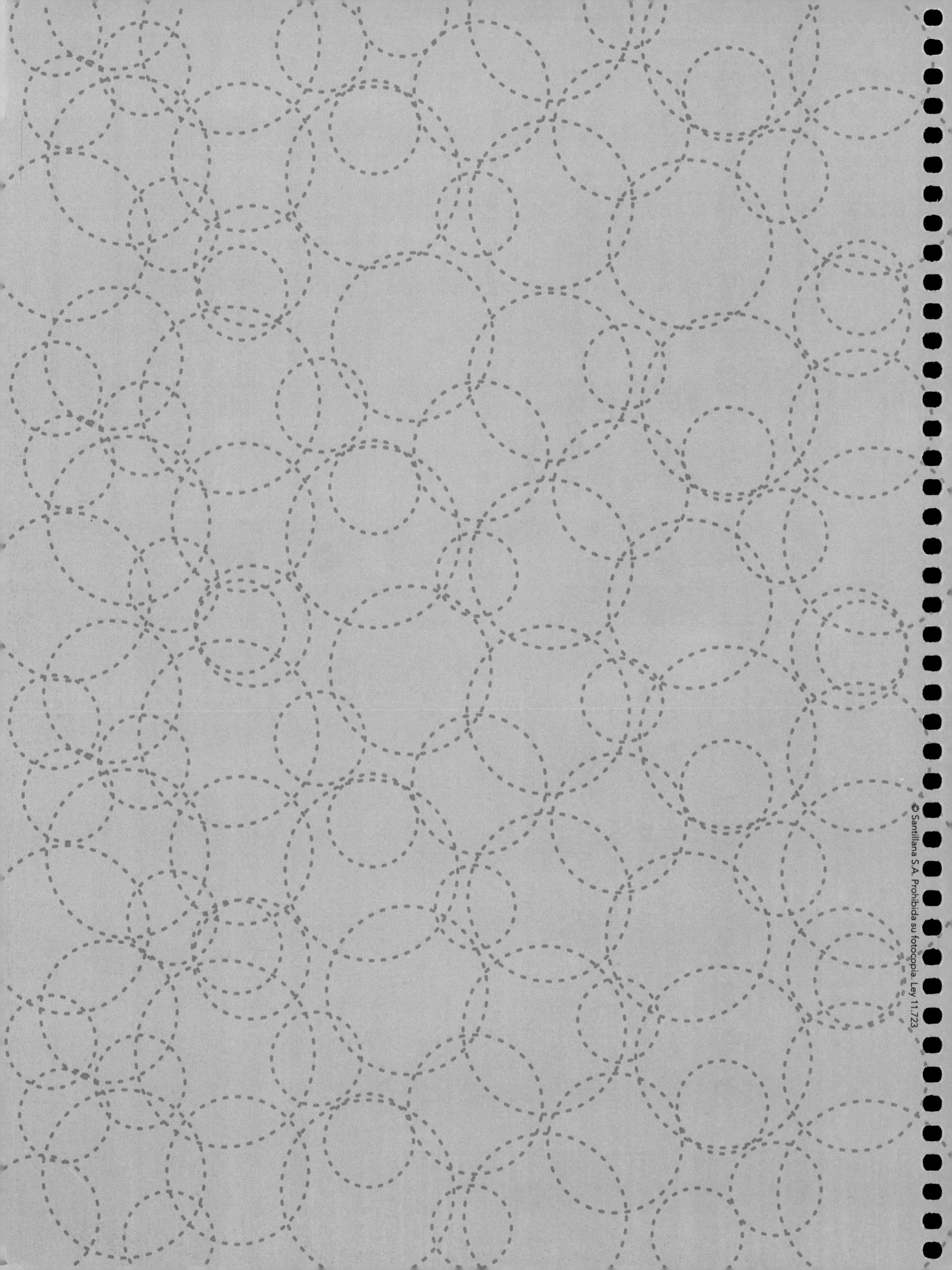

Calendario escolar

Calendario escolar

24 de marzo:	Día Nacional de la Memoria por la Verdad y la Justicia
2 de abril:	Día del Veterano y los Caídos en la Guerra de Malvinas
19 de abril:	Día Americano del Indio
1.° de mayo:	Día Internacional del Trabajador
25 de mayo:	Aniversario de la Revolución de Mayo
5 de junio:	Día Mundial del Medio Ambiente
20 de junio:	Día de la Bandera
9 de julio:	Declaración de la Independencia
17 de agosto:	Aniversario del Fallecimiento del General San Martín
11 de septiembre:	Día del Maestro
12 de octubre:	Día de la Raza
10 de noviembre:	Día de la Tradición

2 de abril

Día del Veterano y los Caídos en la Guerra de Malvinas

En este día rendimos homenaje a los soldados que combatieron en la Guerra de Malvinas. Esa guerra ocurrió en 1982, cuando el gobierno militar de la Argentina quiso recuperar por la fuerza estas islas que estaban en poder de Inglaterra y no tuvo éxito. Es una fecha para volver a afirmar nuestro derecho soberano sobre estas islas del sur.

Leé los cuatro primeros versos de la poesía "Soledad" de José Pedroni y contestá las preguntas en tu cuaderno.

Tiene las alas salpicadas de islotes,
es nuestra bella del mar.
La Patria la contempla desde la costa madre
con un dolor que no se va.

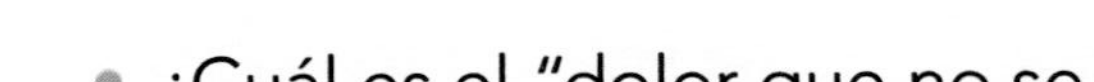

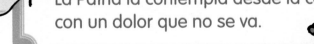

- ¿Cuál es el "dolor que no se va"?
- ¿Qué es un veterano de guerra?

24 de marzo

Día Nacional de la Memoria por la Verdad y la Justicia

Es un día dedicado a no olvidar los momentos en que nuestros derechos como ciudadanos argentinos no fueron respetados. También volvemos a afirmar esos derechos para seguir viviendo con justicia y en libertad.

Ordená las letras para formar palabras referidas a esta fecha.

Cada 24 de marzo los argentinos afirmamos que deseamos:

- que se respeten los derechos de las personas;

AJITUISC ____________

- que se sepa todo lo que ocurrió;

DRDVAE ____________

- recordar el pasado.

AMIOREM ____________

1.° de mayo

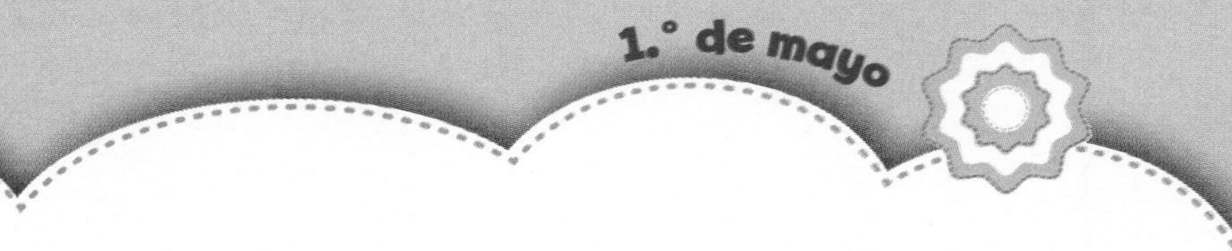

Día Internacional del Trabajador

En esta fecha, en nuestro país y en la mayoría de los países del mundo, hacemos un homenaje a todos los trabajadores. También recordamos que todas las personas tienen derecho a un trabajo digno y a recibir un pago justo por sus tareas. Y en este día ¡no se trabaja! Pero igual hay médicos, bomberos, choferes y otros trabajadores que siguen cumpliendo con su tarea y descansan otro día.

Recortá las imágenes de estos trabajadores y pegalas en tu cuaderno. Después, escribí por qué es importante el trabajo de cada uno.

19 de abril

Día Americano del Indio

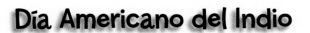

Los pueblos aborígenes fueron los primeros dueños de nuestro territorio. Conocían muy bien el lugar donde vivían y cuidaban la naturaleza. Algunos cazaban y pescaban; otros cultivaban la tierra y criaban animales. En la actualidad, los aborígenes continúan defendiendo su derecho a conservar sus costumbres, su idioma y sus creencias.

Trabajá con un compañero: observen estas imágenes y luego escriban en el cuaderno. ¿Cómo vivían antes los aborígenes? ¿Cómo viven ahora?

Cazadores.

Pescador.

Agricultores.

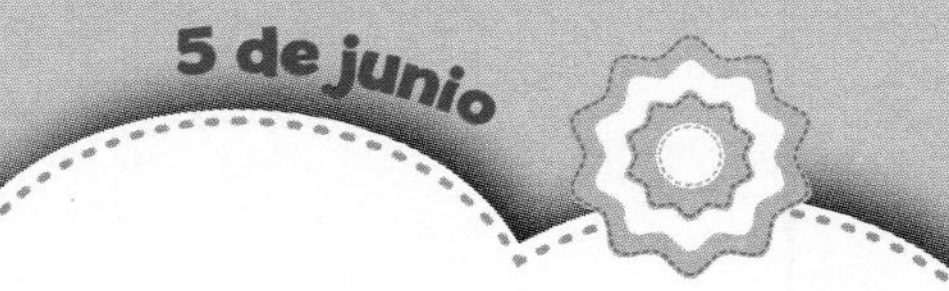

Día mundial del Medio Ambiente

Completá este afiche con algunos consejos para cuidar el medio ambiente.

5 DE JUNIO, DÍA MUNDIAL DEL MEDIO AMBIENTE

Los países del mundo, reunidos en la ONU (Organización de las Naciones Unidas), eligieron esta fecha para que tomemos mayor conciencia de la necesidad de proteger y mejorar el medio ambiente.

- ¿Qué podemos hacer para cuidar el medio ambiente?

____

____

____

Aniversario de la Revolución de Mayo

Observá estos personajes de la época colonial que están ubicados frente al Cabildo. Después armá en tu cuaderno un cuadro igual al de esta ficha y completalo.

	EN 1810	AHORA
La calle		
La ropa		
Los medios de transporte		
Los vendedores ambulantes		

Declaración de la Independencia

Después de 1810, en nuestro territorio se vivió en guerra contra las tropas del rey español que quería recuperarlo como parte de sus colonias. En 1816, las provincias enviaron sus representantes a la ciudad de Tucumán para decidir nuestra independencia del rey de España y de cualquier otro país. Así, el 9 de julio de 1816, los representantes de las provincias argentinas juraron la Declaración de la Independencia.

Pegá estas imágenes de la Casa de Tucumán sobre cartulina, recortalas y adheriles un imán al dorso. Luego, repartilas como recuerdo en el acto.

20 de junio

Día de la Bandera

Armá la invitación para el acto. Podés elegir decorar la bandera como te guste (pintando o haciendo un *collage*).

Celebremos juntos el Día de la Bandera

el próximo ______ de junio

a las ______ hs.

¡Los esperamos!

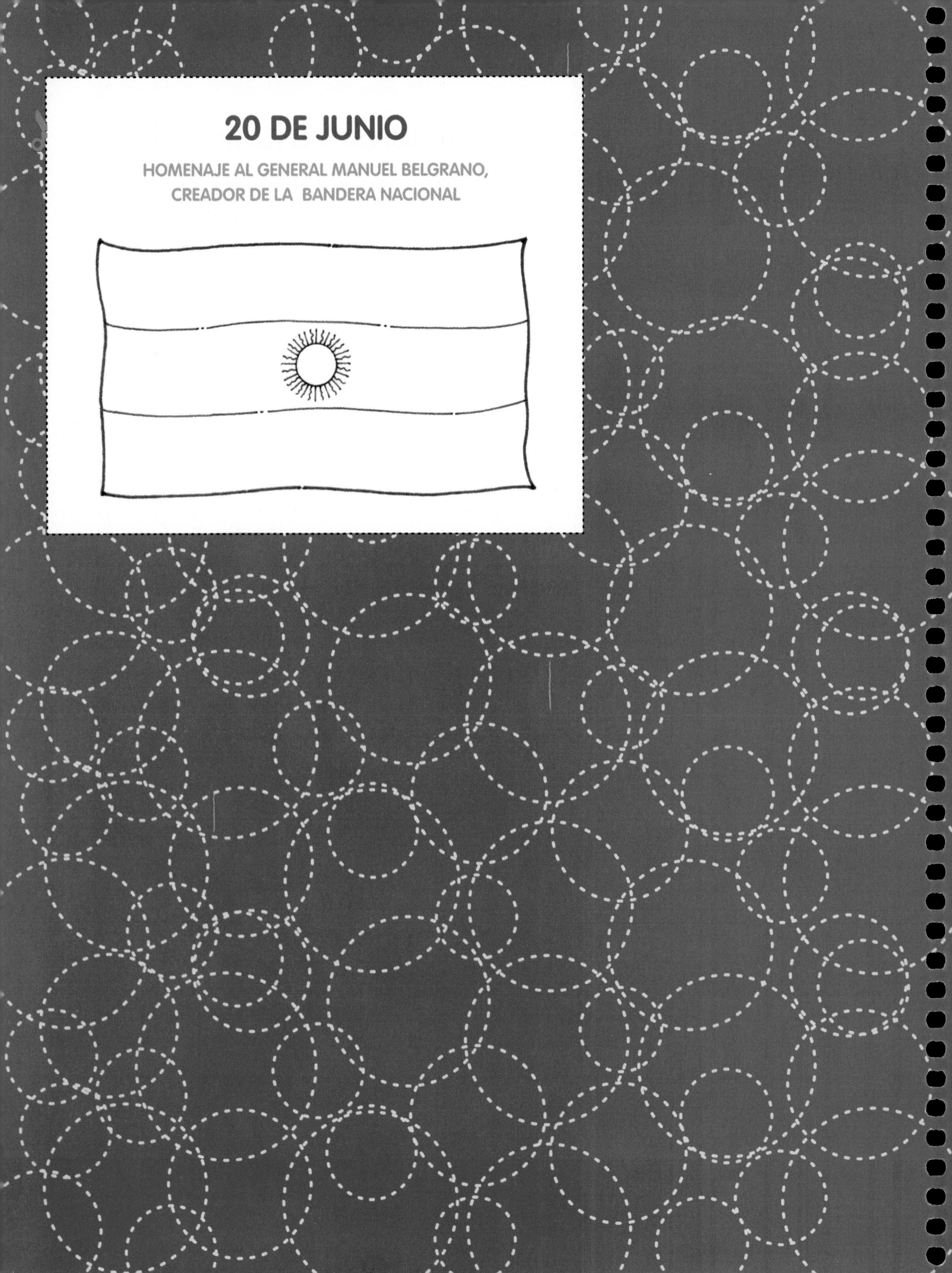
20 DE JUNIO
HOMENAJE AL GENERAL MANUEL BELGRANO,
CREADOR DE LA BANDERA NACIONAL

Día del Maestro

En esta fecha recordamos a Domingo Faustino Sarmiento. Este político argentino, que fue presidente de la Nación, creía que nuestro país solo llegaría a ser próspero y desarrollado si se educaba a toda la población por igual. Para lograrlo, entre otras cosas, fomentó la creación de muchas escuelas.

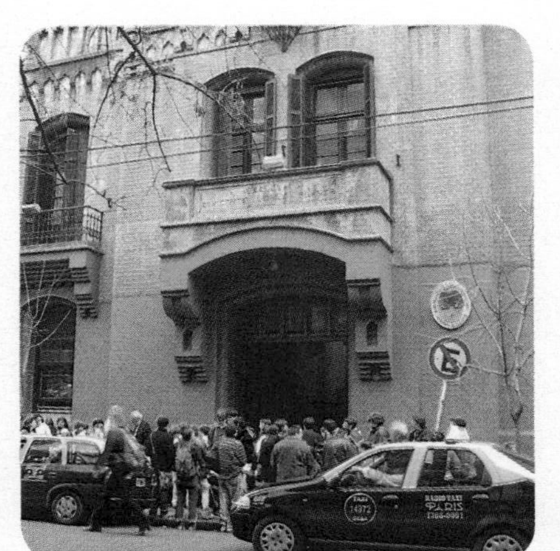

1

2

 Escribí en tu cuaderno cuál es la escuela que se parece más a la tuya y cuál es la que más se diferencia. ¿Por qué?

17 de agosto

Aniversario del Fallecimiento del General San Martín

José de San Martín se preocupaba mucho por la educación de su hija Merceditas; es por eso que le escribió estas indicaciones de comportamiento llamadas "máximas".

Éstas son algunas de las **máximas**; leélas y hacé las actividades.

1. Inspirarle amor a la verdad y odio a la mentira.
2. Acostumbrarla a guardar un secreto.
3. Dulzura con los criados, pobres y viejos.
4. Que hable poco y lo preciso.
5. Amor al aseo y desprecio al lujo.
6. Inspirarle amor por la Patria y por la Libertad.

- Marcá con una **X**. Una máxima es:
  una norma ☐ un reto ☐
- Nombrá las máximas que te parezcan más fáciles de cumplir y las que te parezcan más difíciles.
- Escribí en tu cuaderno máximas para favorecer la buena convivencia en tu aula.

10 de noviembre

Día de la Tradición

Nuestras tradiciones son costumbres que nos identifican como argentinos. Los padres las trasmiten a sus hijos y así van perdurando en el tiempo. En todo el país, se celebra este día con actividades gauchescas: bailes, cantos y competencias a caballo. Así, en el aniversario de su nacimiento, se le rinde homenaje a José Hernández, que fue el autor del famoso poema gauchesco *Martín Fierro*.

Completá en tu cuaderno los consejos que el gaucho Martín Fierro les da a sus hijos en estas estrofas.

Los hermanos sean unidos
porque ésa es la ley primera
tengan unión verdadera
en cualquier tiempo que sea,
porque, si entre ellos pelean,
los devoran los de afuera.

La cigüeña, cuando es vieja,
pierde la vista, y procuran
cuidarla en su edad madura
todas sus hijas pequeñas:
aprendan de las cigüeñas
este ejemplo de ternura.

Los hermanos deben…

Los hijos deben…

12 de octubre

Día de la Raza

En 1492, un marino genovés llamado Cristóbal Colón, partió de España con tres carabelas. Cruzó el océano Atlántico en un largo viaje y llegó a una pequeña isla del mar Caribe. Hasta ese momento, en Europa desconocían la existencia de América, que para ellos fue un "nuevo continente" con personas y costumbres tan distintas.

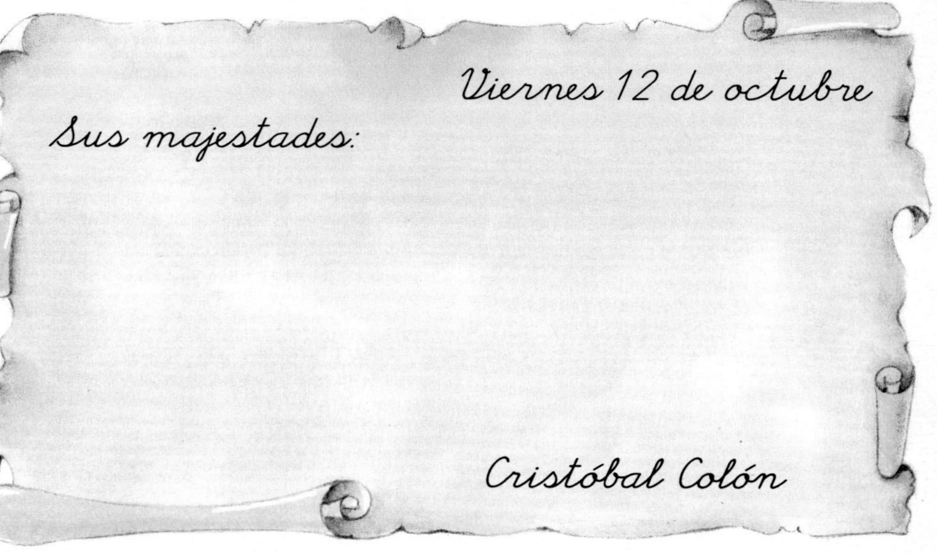
Viernes 12 de octubre
Sus majestades:
Cristóbal Colón

Escribí esta carta imaginaria de Colón a los reyes de España para contarles su encuentro con los nativos del lugar.